ALMA DE GUERREIRO

• PSICOLOGIA • ARTES MARCIAIS
• ESPIRITUALIDADE

Lívia Borges

ALMA DE GUERREIRO

• PSICOLOGIA • ARTES MARCIAIS
• ESPIRITUALIDADE

Transformar, servir e liderar
como fonte de poder e cura

SECRETARIA DE ESTADO DE CULTURA DO DF
FAC
FUNDO DA ARTE E DA CULTURA

THESAURUS Editora

Dados Internacionais de Catalogação na Publicação (CIP)

B732a Borges, Lívia

Alma de guerreiro : psicologia, artes marciais, espiritualidade; transformar, servir e liderar como fonte de poder e cura / Lívia Borges. — Thesaurus : Brasília, 2006.

160 p. ; il.

1. Auto-ajuda - Técnicas 2. Auto-realização 3. Conduta de vida 4. Espiritualidade 5. Filosofia oriental 6. Individualidade 7. Jung, Carl Gustav, 1875-1961 I. Título. II. Título: O guerreiro como curador de si mesmo e da sociedade.

CDU 159.9
CDD 150

Índices para catálogo sistemático:

1. Auto-realização : Personalidade : Aperfeiçoamento : Psicologia aplicada

ISBN: 85-7062-551-0

Coordenação Editorial
Antonio Cestaro

Revisão
Joana M. M. Garcia

Editoração Eletrônica
Walter Cesar Godoy

Ilustrações
Lívia Borges e Alexandre Jansen

Arte final
Tagore Alegria

info@proconsciencia.com.br
(61) 3445-2399

SUMÁRIO

Dedicado a todos que honram e pisam com orgulho o solo da pátria em que nasceram.

Ao Senador *Paulo Octávio* um guerreiro vitorioso que, além de conquistar a faixa preta no Judô, conquistou a admiração dos brasilienses por suas realizações e por sua luta incansável pela dignidade do trabalhador, pela segurança pública e pelo desenvolvimento socioeconomicocultural necessário à democracia brasileira.

Em especial ao Mestre *José Maria Ribamar S. Martins* que trouxe o Aikidô para Brasília, preservando a essência de suas origens e formando criteriosamente cada um de seus alunos, ao qual tenho o privilégio de pertencer.

Ao Sensei *Jadir S. Silva* por sua dedicação, determinação e incansável incentivo.

Aos meus verdadeiros amigos, ao meu primeiro instrutor *Bira* e aos companheiros de dojô.

A *Luiz Eduardo D. Rodrigues Pereira* que acompanhou os intrincados caminhos de minha alma guerreira, incentivando, com a nobreza que lhe é peculiar, a concretização deste livro.

Dedico também à imagem do Sábio que encontrei, inesperadamente, naqueles que muito me ensinaram.

A todos a minha gratidão.

Quem é roçado pelo toque da tua respiração não se protege mais, caminhando pela margem. Ao contrário, abre intrépido a sua vela ao vento e cavalga sobre as ondas turbulentas.

Quem abre corajosamente as portas e sai para fora, recebe a tua saudação. Não se detém para contar o que ganhou ou lamentar o que perdeu. Seu coração pulsa como tambor, ritmando a sua marcha. Andando, ele marcha contigo a cada passo...

Rabindranath Tagore

APRESENTAÇÃO

Por José Maria Ribamar Santos Martins, 5º Dan Aikikai
Advogado e Presidente da Associação Brasiliense de Aikidô

Sentimo-nos muito honrados pelo convite para apresentar esta obra, ALMA DE GUERREIRO. Preliminarmente, é de ver-se que guerreiro é todo aquele que toma parte na guerra. A guerra em sua expressão mais simples é uma luta. A luta é o conflito. O conflito é o choque entre duas forças para promover o progresso. Assim, podemos afirmar que todos somos guerreiros, queiramos ou não. Vez que a vida é uma guerra que tem início ao entrarmos no campo da razão. A criancinha quando ainda não pensa, não tem razão, está simplesmente no campo do amor. Daí, advertência do Grande Mestre Jesus Cristo: "Quem não se tornar como criancinha não entra no reino dos céus". Dessa forma, ao entrar no campo da razão o homem torna-se um guerreiro; começa a preparar-se para lutar pelo seu direito. Seu direito é sua razão. Esta luta é contra si mesmo, contra tudo e contra todos. Daí, o preparo e a evolução do guerreiro, tão bem abordado pela Autora que diz da diferença da tensão popular do guerreiro vingativo (individualista) e do guerreiro universal. Depreende-se daí, que existe guerreiro e Guerreiro. O guerreiro é individualista e preso em suas mágoas; briga pelo ter – o ter é passageiro, é o irreal. Já o Guerreiro saiu da individualidade e entrou na unidade, é universal; briga pelo ser – o ser é eterno. Como bem salientou a Autora, conforme transcrito *ipsis literis*: "O guerreiro universal procura ser livre de mágoas para poder ser justo. Suas cicatrizes são troféus exibindo a marca da luta, da experiência acrescida e da inegável sobrevivência". A Autora afigura-nos um exemplo vivo da transformação do guerreiro individualizado para o guerreiro universal. Vejamos, iniciou como advogada criminalista. Sua luta era pela defesa do seu cliente incurso nas penas da lei. Sua técnica consistia em mergulhar na hermenêutica da lei para livrar seu cliente criminoso das malhas da justiça. Sua função era inocentar quem, realmente, cometera um crime. Na evolução de sua arte guerreira, trocou a advocacia pela psicologia. Na psicologia sua função não é mais a espera do crime feito para inocentar o culpado com sua técnica de exímia criminalista e, sim, a preparação preventiva para evitar que o crime seja perpetrado. Sua função precípua, agora, é equilibrar seus clientes, guerreiros individualizados, mostrando-lhes o caminho do guerreiro universal. Falar da Autora é dizer de uma guerreira universal em função de mestria. Sua obra ora em comento mostra o exercício vivo dessa mestria.

PREFÁCIO

Este livro nasceu de um dos momentos mais significativos de minha vida, quando, em 1998, reconheci e aceitei minha natureza guerreira, depois de tantos anos tentando ocultá-la. O desconhecimento levoume, inicialmente, a ignorá-la. Posteriormente, quando tudo o mais falhara, assumi usar essa força e expressar uma alma guerreira. Nem preciso dizer o quanto minha vida mudou. Das quedas rotineiras no tatame, perdi o medo de cair. Os sonhos ficaram livres e a realização incontestável. A teoria veio depois. O treino e os recomeços se tornaram constantes.

Trabalhei o tema na tese* para obtenção do título de especialista em psicossomática, procurando demonstrar a importância das características e valores da natureza do guerreiro na atitude do cliente em psicoterapia, rumo a sua individuação. Com princípios da psicologia junguiana, da sabedoria da China e da Índia, conceitos de filosofia védica, budismo, yoga e o budô das artes marciais japonesas, em especial o *Aikidô*, tracei um para-

* *O Guerreiro como Curador: uma reflexão sobre a importância da natureza do guerreiro no processo de individuação.*

lelo entre os aspectos relevantes da natureza e trajetória do guerreiro na conquista de seu ideal e o caminho do cliente em busca da cura, da descoberta de suas verdades e da auto-realização, bem como sua contribuição social. A revisão bibliográfica adotada abrange escrituras sagradas e preceitos do hinduísmo, cristianismo, judaísmo, budismo, xintoísmo e taoísmo, comentários de renomados seguidores, e autores no universo da literatura, filosofia, psicologia e artes marciais.

Toda alma tem um chamado, espero que este livro o ajude a escutar a sua voz interior e a redimensionar a extensão de sua essência.

A Autora

INTRODUÇÃO

A representação do guerreiro, presente nas mais diversas culturas, incita-nos à busca de nossa própria humanidade. Como samurais peregrinos, desempenhando outras funções para a sobrevivência material, aguardamos o chamado da luta, que se processa no interior, esperamos o instrutor eficaz, o terapeuta, o aperfeiçoamento da técnica ou a necessidade da sociedade na qual estamos inseridos, para nos fazer revelar. Revelar o que temos de melhor. Porém, na maioria das vezes, é a dor que nos chama.

Conceitos como fraternidade, unidade, compaixão, igualdade, justiça, obediência, determinação, liberdade, lealdade, fazem parte do universo deste lutador universal e tem, para ele, importância vital.

Chamado herói, soldado, *kshatriya*, samurai, o guerreiro verdadeiro simplesmente abdica a si mesmo. Sua origem material cede lugar à origem divina, e sua família passa a ter a dimensão de sua consciência. Como arquétipo seu alcance é integral, atuando simultaneamente nos dois planos: pessoal e coletivo.

Muitos heróis nunca foram guerreiros e muitos guerreiros jamais foram heróis ou salvadores. Anonimato ou fama, atos heróicos ou não, pouco importa, a atitude do guerreiro no cotidiano é sua maior contribuição.

Seu sistema de crenças determina a direção de seus esforços e o conteúdo de sua missão. Em geral, ele se constitui com ideais nobres e consistentes, utilizando valores pessoais e universais que são a essência de sua alma.

São os guerreiros que empreendem a jornada rumo ao desconhecido, como desbravadores de novas terras, novas culturas, novos ideais, novas possibilidades, novos estados de consciência. São renovadores. Dão vigor a qualquer história. Fazem história. Abrem espaço para a civilização estabelecer a sua segurança. Muito embora, nem todos cultuem nobres ideais.

Alguns guerreiros se perdem ao longo do caminho, usando a força e o poder contra os que deveriam defender e honrar, o que evidencia a manifestação sombria do arquétipo (padrão universal) do guerreiro. A manifestação sombria do guerreiro vem sempre acompanhada de destruição e sofrimento, os louros da vitória competitiva subjugando a força da cooperação. Tais indivíduos trabalham para a opressão e não para a liberdade, como mercadores de tenebrosa segurança, cobrando para defender os que são por eles mesmos ameaçados. Uma espécie perversa de opção laboral em épocas de recessão, como ocorreu no Japão pós-guerra e como assistimos atualmente nas questões do tráfico de drogas, armas, órgãos vitais e sentenças. Esqueceram o todo a que pertenciam, o coletivo. Talvez, inicialmente, também tenham sido esquecidos. Durante os Xogunatos, quando o Japão ainda era dividido por feudos, os samurais serviam os *daimyôs* (senhores feudais), promovendo a defesa de seus interesses e honrando a casa a que pertenciam e de onde recebiam seu estipêndio.

Uma sociedade que não prestigia seus guerreiros – representados pelos empreendedores, esportistas, educadores e, principalmente, pelos integrantes das forças armadas e polícia civil e militar – corre o risco de perverter sua natural motivação de defesa da ordem interna e do bem-estar social para a defesa exclusiva de sua própria sobrevivência e a de sua família. O que pode levar à desistência ou ao prejuízo no desempenho profissional, ao direcionamento inadequado de sua agressividade pelo estresse e fragilidade emocional, e no pior dos casos, à sujeição às chantagens ou vantagens imediatas do crime.

A ÉTICA MARCIAL e CÍVICA praticada pelos representantes dos poderes de uma nação, além de eloqüentes discursos, pode renovar na sociedade a esperança de justiça social, compreensão e paz, pela vitória de seus valores atemporais. Valorizar o florescimento dessa ética nos cidadãos é um meio de preservar a integridade social, a ordem, a dignidade e a auto-estima de um povo, como reza a sempre atual lição de Sun Tzu (2001)*:

> *Aqueles que avançam sem a ambição de obter fama e batem em retirada sem tentar evitar a culpa, que só se preocupam com a segurança do povo e, assim, estão em harmonia com os interesses da ordem social, constituem o tesouro da nação.*

O sentimento de PERTENCER traz a idéia de todo e parte, devolvendo a segurança, a motivação, o afeto e o cuidado, quer seja como parte de uma família, de uma instituição ou de uma nação. O nome de família como a nacionalidade e o emprego dão identidade ao cidadão; recordam-lhe a origem, tradições e costumes, criando vínculos, significando e promovendo o futuro. Esse sentimento favorece o compromisso diante de escolhas e ações.

Pertencer significa ser parte (passivo) e participar (ativo), onde o individual e o coletivo coexistem em harmoniosa proporção, e não como uma relação desigual de dominação e posse, em que a expressão da liberdade e da singularidade fica comprometida. Tal qual a pessoa que, em algum momento de sua vida, passou a utilizar essa força contra si mesma; esqueceu sua totalidade e não reconhece mais as partes de si mesma; deixou de identificar-se com sua natureza e com seus propósitos, promovendo a submissão e não a liberdade, o que resulta em autodestruição e sofrimento, mantendo uma pseudo-segurança na homeostase doentia, ou mantendo-se em desejosa e improdutiva vingança. Isto também acontece no caso das doenças

* N.R. – *Todas as referências bibliográficas serão apresentadas por autor e ano da edição ou por autor, ano da edição e página. Consulte detalhes na bibliografia (página 156). Recomendamos também a consulta ao glossário para palavras estrangeiras ou expressões técnicas (página 154).*

auto-imunes; fatores psicológicos associados a fatores hereditários predisponentes e socioambientais desencadeando graves sintomas.

Na luta do bem e do mal, do prazer e da dor, liberdade e vício, justiça e injustiça, mesmo estando bem intencionado, é fácil enganar-se. O pensamento maniqueísta inviabiliza a relativização natural de valores e a combinação de paradoxos. Por mais que se fale em holismo, o preconceito permanece escondido nas relações sociais. Gibran, em uma de suas principais obras, *O Profeta*, propõe uma reflexão capaz de transformar a utopia e os julgamentos ortodoxos. A dualidade, a contradição, a tentação compõem a natureza humana, mas Gibran preserva a totalidade da pessoa sem reduzi-la a um dos aspectos de sua natureza, por mais incompreensíveis e imperdoáveis que possam parecer.

Do bem que está em vós, poderei falar, mas não do mal.
Pois que é o mal senão o próprio bem torturado por sua fome e sede?
Em verdade, quando o bem sente fome,
procura alimentos até nos antros escuros,
e quando sente sede, desaltera-se até em águas estagnadas.
Vós sois bons quando vos identificais com vós próprios.
Porém, quando não vos identificais com vós próprios, não sois maus.
(...) não sois maus quando vos limitais a procurar o lucro.
Pois, quando lutais pelo lucro,
sois simplesmente raízes que se agarram à terra e sugam seu seio.

As grandes conquistas da humanidade estão, de algum modo, vinculadas ao espírito guerreiro. Sem entrar no mérito, um dos maiores monumentos do mundo, a Grande Muralha da China, com 3.000 km de extensão, construída entre a China e a Mongólia, no século III a.C., foi erigida pelo rei guerreiro, Shi Huang Di.

No Brasil, um marco foi a construção e inauguração de Brasília (a nova capital federal proposta estrategicamente por José Bonifácio de Andrada e Silva em 1823) no curto período de 3 anos, a despeito das adversidades, dos inimigos políticos e do ônus para a economia, sendo um ato de ousadia e determinação do então presidente Juscelino Kubitschek (1902-1976); que revela sua natureza guerreira. A atitude arrojada, visionária e empreendedora de JK, além de promover o desenvolvimento do centro-oeste, levaram-no, também, a estabelecer durante o seu governo o audacioso plano de metas "50 anos em 5" com grande repercussão para a expansão industrial e urbanística do país.

Na Índia encontramos dois importantes épicos, o Ramayana[1] e o Mahabharata[2], que relatam a história de reis guerreiros, acirradas guerras entre o bem e o mal, deuses e demônios, representando o drama da vida e nossas guerras internas. Heróis virtuosos, belos, fortes e determinados, contra as forças desgovernadas de sua própria natureza ou estratégias da sombra (Schuré, 1987).

Desenhos animados, filmes e acontecimentos do dia-a-dia confirmam a busca pelo guerreiro, pelo herói ou salvador e a utilização distorcida de uma potencialidade natural. Vemos jovens arruinando famílias, destruindo bens da sociedade e destruindo a si mesmos para provarem que são "espertos". Gangs arrasando gangs rivais, para manter o controle de seu "território". O guerreiro, na linguagem popular, virou o "esperto", sem ética e sem valores; virou um usurpador. Sua luta resume-se na conquista de territórios e de pessoas-objetos para sua auto-afirmação diária.

Se por um lado vemos a violência e o sofrimento se alastrando, vemos também a necessidade, quase desesperada, de paz - um contra-senso, já que não há paz, nem saúde mental, com medo. Por outro, vemos essa necessidade ecoando em diversos corações, fazendo emergir em todos os lugares o guerreiro verdadeiro, o pacificador, surgindo em movimentos estudantis, religiosos, esportivos, no terceiro setor como voluntários etc. Vemos crianças levando para casa os valores que aprenderam na escola e cobrando dos pais atitudes ecologicamente corretas. E mesmo sendo preciso

1 - Narra a epopéia de Rama, que segundo a versão romanceada de Édouard Schuré, é o criador do sistema de castas da Índia, relativo às profissões (sacerdotes, guerreiros, agricultores, artífices). Esse sistema de castas veio a degenerar muito tempo depois. Como legislador, Rama aboliu a prática de sacrifícios humanos e deu à mulher um novo papel.

2 - Relata o épico hindu do rei guerreiro Jadava Krishna e, em sua parte mais conhecida, o Bhagavad-Gita, revela os ensinamentos de Krishna a seu fiel discípulo Arjuna diante da luta no campo de Kurukshetra, como um paralelo às angústias e dúvidas que afligem a natureza humana diante da luta da vida no corpo, na mente e no espírito.

questionar valores importados de outras culturas relacionados ao herói, o mito do guerreiro é transcultural, e como nos lembra o mitólogo Joseph Campbell (2001): "Os mitos são metáforas da potencialidade espiritual do ser humano, e os mesmos poderes que animam nossa vida animam a vida do mundo".

Capítulo

I

A NATUREZA DO GUERREIRO UNIVERSAL

PRINCIPAIS CARACTERÍSTICAS E VALORES

A ti pertence a luz que irrompe da escuridão,
e o bem que jorra do coração partido na guerra.
A ti pertence a casa que se abre para o mundo,
e o amor que chama ao campo de batalha.
A ti pertence o dom que ainda é um ganho
quando tudo se perdeu,
e a vida que flui das cavernas da morte.
A ti pertence o céu que jaz no barro de cada dia.
Nele estás presente a mim, e nele estás presente a todos.
Tagore

O guerreiro, representando uma classe de homens e mulheres que se apresentam como defensores, protetores, desbravadores, conquistadores, justiceiros, guardiões ou revolucionários, simboliza também um aspecto dentro do psiquismo que executará funções análogas. Por ser transcultural, podemos observar algumas de suas principais características e valores, que influenciam culturas de gerações a gerações e que atuam, em maior ou menor grau, na historicidade do indivíduo e em seu desenvolvimento psíquico.

O guerreiro pode ser um papel a ser desempenhado ou uma atitude. A seu modo, o guerreiro visa a paz e não a estagnação e o conformismo. A mudança precede a paz e sempre gera algum conflito, desconforto e perdas, talvez por esse motivo sua função seja tão incompreendida.

As características do guerreiro universal perpassam por aspectos materiais, sociais, familiares e espirituais. Sem posses nem apegos, o guerreiro não ficava circunscrito aos parentes e raramente se fixava em algum lugar. Atualmente, essa característica se modificou em decorrência do progresso dos meios de transporte e de comunicação ter diminuído a distância entre o lugar de origem e de destino.

Com visão e propósitos amplos, o guerreiro mítico tem como lar o universo e por família toda a criação, mesmo vinculado às condições de sua época. É andarilho por natureza, busca o aperfeiçoamento de seus passos, de sua técnica, de sua mente. Sua busca e seu movimento podem ser essencialmente mentais. Em geral, essas são suas ambições. Deseja apenas servir da melhor forma o senhor, para que a vontade dele flua livremente através de todo o seu ser. O guerreiro é antes de tudo um servidor. SERVIR é o sentido de sua existência, tanto assim, que o significado do guerreiro samurai *(bushi)*, em japonês, "vem do verbo *samaru,* que significa servir e proteger" (Büll, 1994). De um modo geral, quer seja em antigas civilizações, tribos indígenas ou nas modernas sociedades, o guerreiro é sempre defensor de algum propósito. Samurais tinham por lar o centro do abdômen, o *hara*, de onde provinha sua energia e sua conexão com o universo.

O senhor, historicamente, era representado na figura de um rei, o dono de um feudo, um mestre nas artes marciais ou esotéricas, ou a divindade proclamada por uma religião, um profeta ou messias. Pode ser a representação de uma nação ou uma ideologia, porém, o senhor, na trajetória do analisando, é seu próprio *Self, o Si-mesmo* junguiano (vide glossário) . Muitos guerreiros eram ateus e viam na confiança em Deus e em predestinações um motivo de fraqueza e hesitação diante da luta; contudo, seguiam um líder e tinham um ideal.

Como servidor, o guerreiro rende-se à égide de uma instituição ou organização de caráter militar, religioso, social, político, profissional, filosófico que o ampara, conferindo-lhe identidade, valor e metas. Essa relação guerreiro/instituição é necessária, porém ambivalente. O guerreiro enfrenta um problema quando serve a uma instituição, organização e à pátria. É o complexo materno negativo, decorrente da instituição representar a Grande Mãe. Sob o domínio negativo da mãe, o guerreiro fica infantilizado, temeroso, barganhando atenção, cuidados e reconhecimento por meio de honrarias e elogios, ou sugando todos os recursos a que se julga merecedor.

Outro aspecto, é a instituição representar o Pai Todo-Poderoso. É a autoridade e as normas, a quem o guerreiro imaturo pode se rebelar e se culpar na tentativa de se auto-afirmar diante da imagem internalizada de seu próprio pai projetada ou simbolizada nas figuras de autoridades e nas regras disciplinares. O imaturo não aceita ordens nem proibições e se insurge abertamente quando é agressivo e sincero ou de maneira camuflada quando sua agressividade tem vícios.

O desafio para o guerreiro será manter-se adulto, ativo e íntegro, sem idealizar a instituição a que pertence, nem se apropriar indevidamente dos recursos coletivos disponíveis. Uma relação saudável implica em reconhecer a falibilidade dos envolvidos. Tal reconhecimento atua preventivamente e valoriza a instituição. Já a idealização aparenta valorização, mas torna-se destrutiva para um ou ambos os lados. Impede de sanear problemas, servindo de pseudopreenchimento para a necessidade de auto-afirmação por parte de seus afiliados e também como forma velada de superioridade diante daqueles que não pertencem à mesma instituição.

Na Antigüidade, o guerreiro, geralmente, não assumia a função de pai ou não tinha muitos filhos, mas preocupava-se com a sucessão. No entanto, encontramos muitos pais e mães guerreiras, como sobreviventes de crises econômicas, valorativas, afetivas e de saúde. No amor, o guerreiro seguia a natureza, buscava o prazer e a descontração, mas até hoje encontramos guerreiros em início de treinamento, reprimindo seus impulsos, erroneamente, a fim de torná-los forçosamente espirituais. Quando jovem, orgulhoso de sua virilidade, receava deixar seus amores. Ou se era demasiado espiritual, receava desvitalizar-se pela entrega aos prazeres dos sentidos. Quando a maturidade dava outro colorido e um novo traçado à sua face, o guerreiro não temia deixar para trás suas recordações e romances, nem temia perder suas conquistas espirituais; entregava-se a um profundo amor, mais abrangente, onde todos os possíveis amores se encontram.

Um guerreiro não é um educador, embora vejamos muitos guerreiros na arte de ensinar, legislar. Há uma liderança natural naqueles que expressam as características do guerreiro. Podem chegar a exercê-la diante de um grupo de pessoas, numeroso ou não, ou, simplesmente, governarem-se a si mesmos no desempenho das próprias funções e em obediência àqueles a quem servem.

Alguns, inexperientes, optam por seguir cegamente o comando de um líder. Mas, na natureza do guerreiro, até mesmo para cumprir ordens ele deve sujeitá-las ao crivo de sua própria percepção das circunstâncias. Fidelidade não se traduz por cegueira. A cegueira pode ser uma forma cômoda de não se comprometer. Por isso, antes de tudo, o guerreiro tem um dever consigo mesmo – ampliar e aperfeiçoar sua percepção sensorial e intuitiva; uma suprindo onde a outra é limitada. E mesmo que seja comandado, precisa ter a iniciativa para assumir o comando quando for necessário. Questões de moral e ética surgirão em seu caminho, e no justo cumprimento de sua missão, a ética da vida prevalece sobre a transitória moral.

Um guerreiro procura não ter falsos pudores e não se sentir envergonhado diante de seu senhor; não hesita em reconhecer as habilidades e as fraquezas que possui. A humildade que porta manifesta-se na obediência e não em atos externos que convêm aos que aspiram ser santos ou visam obter privilégios. Demonstrações excessivas encobrem graves faltas; desviam, propositadamente, a atenção dos pontos comprometedores. Na busca do melhor desempenho, muitos sofrem por não se sentirem merecedores da confiança que lhes é depositada, temendo não corresponder à expectativa.

PROMESSAS

Enquanto Brahma dorme,
ele ouve algo perdido sendo mencionado em seu sonho de vida,
e ele se recorda, e aquilo que se perdeu volta a surgir entre nós,
como há muito tempo atrás.
Mahabharata

A palavra de um guerreiro tem o valor de sua natureza. Há COMPROMISSO e HONRA no que diz. A desculpa do esquecimento não faz parte de seu repertório. Há possibilidade de outras razões, mas descuido, jamais. Um guerreiro cumpre sua palavra sem escravizar-se pelo que diz. O silêncio pode apresentar inúmeros significados e pode não significar nada, sendo apenas um espaço para que o outro preencha com seus próprios significados. Porém, na urgência em preencher os espaços vazios entre as falas, para que o silêncio tenha outro assunto, além de sua eloqüente linguagem, o significado pode se perder. A palavra pode ser sabiamente usada como espada ou como açodamento malabarista. Pequenos intervalos de silêncio, que favorecem a reflexão, assemelham-se aos recuos necessários entre os golpes. O silêncio recobra o ânimo, organiza o pensamento e concentra energia vital.

Em geral, os guerreiros sacrificam-se por suas promessas ou morrem por suas vinganças. Só a pureza de seu coração pode aplacar a fúria de sua vindita. Conta-se que Tyr, o deus da guerra na mitologia nórdica, perdeu a mão na boca de um lobo cumprindo sua palavra. Ficou conhecido como o deus de apenas uma mão, tornando-se um juiz inquestionável. A LEALDADE permeia a honra e é a suprema lei para um guerreiro. Isso nos remete a Dante na *Divina Comédia*, onde os piores níveis do inferno eram reservados sucessivamente aos traidores de seus amigos e comensais, e aos traidores de seus chefes e benfeitores, os desleais.

A ingratidão está presente nas relações onde a inveja é a base. Quando se sofre de inveja, reconhecer um benefício é sentido como um acinte à própria dor. Por outro lado, reconhecê-lo seria a libertação de um dos piores males que o coração humano abriga: a inveja. O guerreiro, por ser, em geral, entusiasta, criativo, prestativo e solidário, é alvo fácil da inveja alheia, daqueles que não se mobilizam para conquistar seus próprios objetivos e visam destruir a fonte de realização dos outros. O invejoso acaba vitimado por sua doença, por nunca validar seu próprio referencial, por não ser leal à sua essência, sempre imitando padrões alheios. Os valores e as conquistas alheias servem como estímulo para conquistas próprias, jamais como meta, mas podem ser compartilhados e a cooperação mútua beneficia a ambos.

Nos relatos de antigas civilizações, nos povos nômades, aborígenes, primitivos, a lealdade é um valor fundamental. Até mesmo em tribos canibais, a lealdade entre amigos e amantes guerreiros era reconhecida. Um conceito que se expressava de modo diferente, porém com o mesmo significado. Compartilhavam o leito e os prazeres como demonstração de amizade. Guerreiros do Japão, China, Índia, índios norte e sul-americanos demonstraram que a lealdade é uma virtude, uma força e uma lei da vida. Descumpri-la, pagava-se com a morte ou com o exílio.

Nos primeiros tempos do Cristianismo, Otto, o Grande, rei guerreiro no século IX, derrotou os magiares portando uma espada com um prego encravado que se dizia ter sido usado na crucificação de Jesus. Seu exército estava em menor número, mas em razão da espada todos sentiram que o poder de Deus estava com eles. Convertido ao cristianismo, depois da vitória, decepcionou-se ao perceber a conduta incoerente e devassa do papa, e Otto e o filho procuraram reerguer a moral da igreja. A fidelidade de Otto estava, em primeiro lugar, relacionada aos princípios de sua conversão e, depois, ao sumo representante da igreja. Na traição do papa aos princípios cristãos por ele mesmo defendidos, Otto desobrigou-se de qualquer lealdade a ele, e manteve-se fiel à crença que adotou.

O questionamento faz parte da natureza do guerreiro, ainda que dela não tenha consciência. Ela irromperá no momento oportuno, quando uma injustiça ou uma ordem inadequada intentar sujeitar a si ou àqueles a quem defende.

CONFLITO

Não se liberta do medo o homem que não ousa enxergar o seu verdadeiro lugar no mundo; nenhum homem pode alcançar a grandeza de que é capaz antes de se permitir ver a própria pequenez.
Bertrand Russell

A linguagem da não-violência (*ahimsa*), praticada e incentivada desde tempos imemoriais pelos sábios da Índia, e popularizada por Mahatma Gandhi, raramente é sensível aos tiranos, corruptos e pessoas portadoras de graves desordens mentais. Por vezes, é necessário romper o limite pacífico para restabelecer a ordem, a paz e proteger os indefesos. A submissão voluntária, quando há outra alternativa, é uma forma de sobrevivência doentia. Não soluciona nem produz harmonia. Sobre isso Gandhi (*apud* Prabhu, 1969) escreveu: "Meu credo de não-violência é uma força extremamente ativa. Nela não cabem a covardia nem mesmo a fraqueza. Um homem violento pode tornar-se um dia pacífico, um covarde, não".

Conta-se que pelos idos de 1699, na planície do Punjab, no norte da Índia, os seguidores do profeta Gobind Rai no povoado de Kesgarh se reuniram para celebrar a festa da colheita e aguardar as orientações de seu mestre espiritual (Pann, 2000). Aglomerados, aguardavam particularmente ansiosos. Havia algo estranho no ar. O mestre surgiu com olhar estranhamente febril e no lugar do rosário de contas, sua mão erguia a espada desembainhada. Como um rugido, gritou que necessitava de um sacrifício, uma cabeça para a sua espada sedenta. Apavorados, os discípulos acharam que o mestre estava louco. E novamente o mestre gritou indagando se não havia alguém capaz de morrer por ele. Todos se olhavam confusos, até que um homem se levantou lentamente e foi até Gobind Rai. O mestre, então, levou-o para o interior da tenda. A multidão ouviu um ruído seco e viu a espada suja de sangue. Horrorizados, ouviram o mestre clamar por outra cabeça. Os que podiam sair sem ser notados fugiram rapidamente, os demais olhavam para baixo como se não estivessem presentes, negando sua lealdade e obediência ao mestre. O mestre pediu mais algumas cabeças e o público, que se resumia à metade, permanecia por mórbida curiosidade. Govind Rai saiu pela última vez da tenda já sem a espada e com a habitual expressão de paz. Em sua companhia estavam os "cinco mártires" que teriam oferecido suas cabeças. O profeta então falou:

> – *Chegou o momento de uma mudança radical na comunidade. Passamos muitos anos suportando as crueldades dos tiranos governantes. Estou certo, porém, de que eles nunca irão entender a linguagem da não-violência. Quando a questão passa dos limites pacíficos, é dever do homem levantar sua espada e sair ao campo de batalha. Isso é o que faremos. Decidi criar uma classe de homens valentes que se defenderão a si mesmos e aos indefesos. (Pann, 2000:56)*

Quanto aos cinco bem amados e fiéis discípulos que haviam oferecido suas cabeças, numa demonstração de valentia, fé, dedicação e renúncia da própria vida, o mestre nomeou a cada um "Singh" (leão), pedindo que também o batizassem, passando a chamar-se Gobind Singh. Foi o batismo da espada. Posteriormente, novos discípulos se converteram e formaram um exército do povo, em defesa dos necessitados e punição aos tiranos. Gobind Singh (1666 – 1708) foi o décimo e último profeta dos Sikhs e como místico reformador definiu as bases da religião fundada por Guru Nanak (1469-1539), pregando unidade e igualdade, e criou a ala militante do sikhismo, a comunidade dos puros (khalsa). Gobind Singh descendia do nono profeta e teve sua linhagem interrompida pela ação do exército mongol. Os sikhs refrearam por muito tempo o avanço de exércitos invasores. Gobind Singh, antes de morrer, declarou que as escrituras seriam o Guru. Procedimento comum em diversos caminhos espirituais. Os ensinamentos verdadeiros falam por si só e os que são receptivos e dedicados compreendem e perpetuam seus exemplos, mesmo diante de uma massa incompreensiva ou de seguidores que desvirtuam a mensagem de seus mestres.

O conflito e a guerra sempre permearam a história das civilizações. Por questões profanas ou santas, a humanidade se empenhou em dizimar-se. No cristianismo, do velho ao novo testamento, o sentido da guerra se modificou, mas o espírito belicoso e intolerante do homem parece não ter evoluído tanto assim. É claro que falamos de seres humanos, irmanados apenas pela condição humana, mas que esqueceram até mesmo essa significação, tornando-se predadores da própria espécie.

A guerra solidariza um povo diante do inimigo. As divergências pessoais desaparecem, cedendo lugar à exaltação da luta contra um inimigo comum. Tudo que antes era experimentado como ambivalente passa a ser bom e apoiado integralmente contra o inimigo comum, que passou a receber toda a projeção do mal. "Os erros daqueles que estão do mesmo lado são automaticamente ´esquecidos´"[3].

Em religiões claramente pacifistas, o tema conflito e guerra surgem apenas como difíceis questões internas a serem superadas. De qualquer maneira, em quase todas, o aspecto externo da guerra tinha uma conotação espiritual, a luta entre o bem e o mal, a purificação, a libertação e a unificação do ser. O ato de servir a Deus, a um mestre, a um líder, à nação ou a uma causa amplia a noção de ser, ser-no-mundo, ser-para-alguma-finalidade.

Gandhi (1997), considerando-se um buscador da verdade, refere-se à sua missão no mundo da seguinte forma: "O meu serviço à nação faz parte do meu treinamento no sentido de libertar a minha alma do cativeiro da matéria." E continua, "o meu patriotismo é, portanto, para mim um estágio da minha jornada em direção à terra da liberdade e da paz eternas. Por isso, para mim não existe política sem religião. A política serve à religião. A política destituída de religião é uma armadilha fatal, pois destrói a alma." Pelo exemplo do Mahatma, por seus escritos e de outros grandes sábios da humanidade, o sentido de religião a que se refere é abrangente e não institucional e dogmático. É o princípio religioso *(re-ligare)* comum a todas as religiões. Já o dogma, por ser particularizado, muitas vezes,

[3] - Fornari. *Psicoanalisi della guerra. apud* Alberoni, 1996.

corrompe a ética, e nesse sentido a religião institucionalizada e sectária pode perder o sentido de coletividade tornando-se uma perigosa aliada à insanidade política em busca de poder. A história comprova o perigo dessa aliança.

A natureza também tem seus violentos processos de purificação e o corpo humano não reage com menos violência ao ataque de um agente bacteriano. No sistema imunológico, as células responsáveis pelo patrulhamento dos limites do organismo e pela manutenção da ordem funcionam como exércitos inteligentes e hostis. Elas especificam-se em razão de suas funções. Há aquelas que precisam identificar o que é próprio do organismo e o que é alheio, para preservar sua identidade e integridade. Porém, a diferença é mínima, pois ambas podem possuir moléculas semelhantes.

Os linfócitos são células móveis que compõem o sistema imunológico, capazes de reconhecer substâncias estranhas ao organismo. Há os linfócitos B e T, sendo os primeiros responsáveis por segregar anticorpos que, por sua vez, são capazes de combinar-se com as substâncias estranhas e torná-las inativas. Os linfócitos T completam seu processo de maturação no timo e se diferenciam em células T reguladoras, que estimulam ou inibem a função das outras células do sistema imunológico, e células T executoras (ou K – *killer*), que atuam diretamente sobre as células infectadas por vírus, parasitas ou bactérias (Chiozza, 1998). Há também os linfócitos NA - assassinos naturais (ou *natural killer* – NK) que são células imaturas destruindo as células indiferenciadamente.

Há guerras travadas no corpo, guerras na mente e guerras no coração; guerras entre o corpo e a mente; entre o desejo e a proibição; entre a autenticidade e a necessidade de ser aceito. Sem falar nas guerras externas, conceituais, ideológicas, tecnológicas. Ambas visando o poder. Um poder que se manifesta na vitória e como vitória. Autocontrole é poder e vitória. Já o poder sobre os outros nem sempre representa vitória.

Temer a guerra, o confronto psíquico, é o mesmo que temer a alquimia da vida na função dos elementos. Alheio ao crescimento, às possibilidades disponíveis e à cura, o medo procura preservar o conhecido, o seguro e protegido, ainda que doentio; não ousa sair em campo aberto, transcender as muralhas defensivas. E o guerreiro temeroso morre prisioneiro em muralhas autocriadas ou facilmente aceitas. Desconhece a saída, não pode vê-la ou não quer conhecer o que há por trás de suas fronteiras.

O guerreiro, quando alcança grande desenvolvimento, discerne prioridades, vê a unidade em tudo e prima pela autenticidade. Não visa a unanimidade e por essa razão não tem conflitos internos para tentar agradar a todos. Reconhece a diversidade do mundo de opostos. Visa agradar, unicamente, àquele ou àquilo a quem serve, agradando, como conseqüência, a si mesmo. Seu brado de guerra, audível ou não, exprime o desejo de vitória de seu Senhor e glórias a Ele nos corações dos homens. Não deseja para si vitória ou glórias e "é o primeiro a sofrer angústia pela sociedade humana, e é o último a procurar prazer pessoal"(Bull, 1994). Já não deseja tornar-se nada, apenas cumprir da melhor forma a missão que lhe foi confiada. Não ambiciona tornar-se outro além da totalidade de si mesmo, aceitando a interação de seus aspectos humanos e divinos, limitações e possibilidades.

MAGNETISMO PESSOAL

Uma boa postura reflete
um estado de espírito correto.
Morihei Ueshiba

Seguindo rígidas regras de conduta, tais como as preconizadas pelo *bushidô*, o código de ética seguido pelos samurais, o guerreiro torna-se magnético. Lendas e histórias infantis estão repletas de guerreiros e heróis, fortes e misteriosos. Que poder circunda a imagem do guerreiro? O poder de sua própria natureza. O magnetismo pessoal é proporcional à coerência, ao entusiasmo e aos demais valores que compõem o ideal guerreiro, tais como: honra, cortesia, sinceridade, aperfeiçoamento espiritual, força de vontade, perseverança, determinação, iniciativa, coragem, decisão, consciência corporal, obediência, senso de dever, disciplina, senso de humanidade, camaradagem, justiça, altruísmo, discernimento, coerência, lealdade, gratidão, entre outros.

O guerreiro satisfeito com sua natureza não ambiciona tornar-se outro, também não está comprometido com os outros no sentido de torná-los diferentes do que são. Compromete-se consigo mesmo e com seus altos e possíveis ideais, auxiliando aqueles que desejam caminhar livremente por seus próprios caminhos, respeitando as leis naturais, sem que necessitem seguir o caminho por ele trilhado. Um guerreiro, por sua respiração e porte, inspira outros a buscar seus próprios caminhos; um modo de encontrar satisfação e desenvolvimento. Essa é sua influência. Um olhar firme no ponto médio entre as sobrancelhas intimida, pela firmeza, os que chegam com intenções malignas e transmite segurança aos que pedem apoio.

Homens e mulheres guerreiras, como Anita Garibaldi (1821-1849), que impressionavam por uma estética contundente, profunda, livre, enigmática e por seus indiscutíveis traços de personalidade traduzindo a nobreza de sua índole e seu caráter resoluto. Anita foi heroína no Brasil e na Itália. Revolucionária, identificou-se com os ideais republicanos do exilado político italiano Garibaldi contra o poder monárquico. Assumiu seus desejos e ideais, ao deixar para trás um casamento morno para viver um relacionamento mais fecundo com Garibaldi. Teve expressiva participação em confrontos no sul do país, no Uruguai e na Itália, onde veio a falecer. Deixou marcas na história numa época em que a participação da mulher era inexpressiva. De um modo abrangente ou no âmbito de sua convivência, os guerreiros cunham traçados singulares, perpetuando mensagens de sobrevivência, possibilidade, força, coragem e vitória, como antídoto para atitudes passivas, omissas, dependentes e subservientes.

Não são as palavras nem o intelecto que influenciam e sim a personalidade. A personalidade corresponde a dois terços da capacidade de influenciar e o intelecto e suas palavras a apenas um terço. "Nossas ações não são senão efeitos, quando o homem vale, as ações chegam sozinhas..." (Vivekananda *apud* Akhilananda, 1964).

Juscelino Kubitschek foi um estadista carismático e realizador e tinha como base de sua filosofia de vida uma lição herdada de sua mãe-professora: a noção especial do cumprimento do DEVER em primeiro lugar e da DISCIPLINA. "Tarefa iniciada devia ser tarefa concluída" (JK *apud* Tamanini, 2003). Essa também é uma norma na formação de um caráter guerreiro, pois aumenta a crença na própria capacidade de realizar, o que fundamenta a auto-estima, desenvolve a responsabilidade, evitando a dispersão de energia em desculpas e procrastinações. Cumprir as obrigações e o que se propõe, prepara a pessoa para tarefas cada vez mais desafiadoras, além de torná-las um exemplo motivador para outras pessoas. Os anais da história do Brasil registram o quanto JK fez e a quantos influencia até hoje.

O verdadeiro ideal guerreiro é para INFLUENCIAR com os valores em que acredita e a atitude correspondente. Não viver suas verdades, enfraquece a força das palavras, restando um dizer inócuo e um olhar sem convicção. Visa TRANSFORMAR, e jamais para cair na tentação de manipular. Influenciando, ele parte da visão pessoal para promover o bem comum. Na manipulação, desrespeita-se o bem comum, visando unicamente objetivos pessoais. Na influência, a relação estabelecida é entre sujeitos. Na manipulação, um é visto como objeto do outro. É uma espécie de controle para não correr o risco de se sujeitar. Para o manipulador, estar sujeito é estar vulnerável e entregue. É como estar num território desconhecido, o campo das emoções e sentimentos. A manipulação desvia, engana, aprisiona, gera insatisfação a longo prazo e é incapaz de criar resultados duradouros. Explora uma necessidade preexistente ou cria uma nova necessidade, em benefício de quem a induz. A mútua influência respeita a diversidade e as necessidades alheias, transformando os sujeitos no encontro. É no encontro que os sentimentos estão livres para manifestar a linguagem das necessidades mais íntimas e receber a merecida satisfação.

Um exército satisfeito em suas necessidades essenciais, dificilmente cairá no engodo do inimigo. Uma isca apetitosa seduz apenas aos famintos e aos muito ambiciosos. "O peixe que cobiça a isca é fisgado"; e para não ser fisgado por ofertas sedutoras a estratégica desconfiança deve estar sempre presente (Sun Tzu, 2001a). A oferta é proporcional a um terço do interesse do inimigo e ao custo embutido para aquele que a aceita. É como um iceberg, a maior parte está submersa.

Por ser efetivamente guerreiro, pressupõe a ÉTICA NATURAL. Não utiliza os preceitos de levar a palavra do senhor, para o caso de guerreiros defendendo causas ideológicas, para estabelecer, desrespeitosamente, crenças e valores não compartilhados. Sem fome ou sede, não há busca. Trabalha pelo restabelecimento da ordem e da harmonia, sem superestimar-se por ser diferente, nem se comportar como Procusto[4]. Porém, não admite a interposição de elementos subversores. Neste ponto, firma-se intransigente.

Em algumas psicopatias presenciamos o ultraje dos valores do guerreiro, utilizado como justificativa para ações insanas. Tais psicopatas, julgando-se detentores de uma natureza superior ou crendo-se sob ordens de Deus ou do demônio, procuram "purificar" o mundo de pessoas que não compactuam com seus padrões étnicos, morais ou religiosos ou que sejam obstáculos para os seus propósitos.

Na história de Musashi (1584 – 1645), o famoso samurai japonês, encontramos profundas e atuais reflexões sobre a atitude de um verdadeiro guerreiro. Estamos diante de um cenário de violência, superpopulação, desemprego, miséria, injustiça social, corrupção, ignorância, ódio e vingança de gerações, fanatismo. Esses e outros elementos somados à intolerância racial, étnica, política, sexual e religiosa podem resultar na pior forma de violência, o terrorismo.

Samurais não reconhecem rancores infundados. Ódios têm de ter fundamentos claros e não podem ser transferidos. Um samurai preza acima de tudo a justiça: se a causa é justa, ele reconhece o direito das

---

[4] - *Relativo ao mito grego de Procusto, que cortava os membros das pessoas para ajustá-las ao tamanho da cama em que pernoitariam.*

pessoas à vingança, mas nunca a perpetuação do ressentimento pelo ressentimento em si. Isso é covardia, e os samurais desprezam esse tipo de atitude.

E ainda:

O senso de justiça é o nosso esqueleto, o povo é a nossa carne, integridade e cavalheirismo são a nossa pele. (Yoshikawa, 1999:1313 e 1127)

Em seu tratado de estratégia *O Livro dos Cinco Anéis*, Musashi descreve uma grande estratégia do guerreiro: o CONTÁGIO. Valendo-se de seu magnetismo e de seu comportamento, o guerreiro induz o adversário ao estado em que ele se encontra, seja de sono, despreocupação, fraqueza ou relaxamento, ou infiltra o espírito de luta e coragem em seus companheiros.

Guerreiros são carismáticos. A aura de seu carisma transcende sua atitude, valores, coerência e sinceridade. Um dom antecede a conquista da própria eficiência e a fama atribuída. Etimologicamente, a palavra carisma, no grego e no latim, refere-se à graça. Meneghetti, (1996:147), na *Psicologia do Líder*, ressalta que o carisma amplia a quem se sente atraído e precisa manter-se livre e autêntico naquele que o porta, para ser eficaz:

É algo que excede gratuitamente da postura de tua personalidade. Então uma pessoa que está no ato de carisma é produtiva, faz negócios, porém deve estar atenta para que o seu carisma reentre na ótica de sua eficiência, do seu interesse. Porque se o seu carisma é desviado pelo interesse de um outro, entra imediatamente em recuo negativo, porque a vida lhe diz: "eu te dei isto para que tu sejas a mais". De qualquer modo, a vida é feita assim. A vida é um dom extraordinário, e a eficiência de si mesma é o bem supremo da vida.

O local onde um guerreiro-herói tenha sido gerado, martirizado e empreendido suas lutas, "inspira o milagre da perfeita convergência; pois esse é o local da irrupção da abundância. Nele alguém descobriu a eternidade" (Campbell, 2002). O investimento pessoal convergindo no universal, na renovação da vida, evoca semelhante anseio naqueles que estão próximos. Tais vibrações ficam impregnadas para sempre; tocaram a essência da matéria. O que era inanimado revelou-se vivo e capaz de testemunhar os magníficos feitos.

CONFIANÇA E AUTOCONFIANÇA

Quanto a mim, eu já estou para ser derramado em sacrifício; aproxima-se o momento de minha partida. Combati o bom combate, completei a corrida, guardei a fé. Agora está reservada para mim a coroa da justiça, que o Senhor, justo juiz, me dará naquele dia; e não somente a mim, mas também a todos os que esperam com amor a Sua manifestação gloriosa.
2 Timóteo 4:6-8

A autoconfiança de um guerreiro vem da certeza de sua origem e não, unicamente, da destreza de sua técnica. Sua origem histórica, cultural e familiar é tão importante quanto sua origem divina. Não precisa criar pseudo-imagens sobre si, nem boas, nem más. Deixa limpo o espelho de sua alma, para refletir além da mente, o espírito que o habita. Clareza e coerência geram confiabilidade.

Um guerreiro é feliz. É claro que não é feliz pela injustiça que vê, mas é feliz pela natureza que possui. Se o guerreiro se limitar ao sofrimento que quer remover, o que terá a oferecer depois? Será mais um náufrago no oceano de dor clamando pela própria salvação. Na Índia, há ascetas Ramanandi que praticam lutas sagradas e expressam a atitude emblemática de um verdadeiro lutador diante da vida, estão sempre felizes e com prazer em viver (Stevens, 1998).

O guerreiro confia apenas na vida, como princípio. Não deposita confiança no que é mutável e transitório. Ele sabe que se confiar nas coisas mutáveis - relações afetivas, dogmas, conceitos, materialidade etc. - perderá a liberdade. As expectativas invadirão seu coração, aprisionando-o, frustrando-o. Tudo precisa ser compreendido na dimensão de sua própria ambigüidade, sem o absolutismo defensivo nem a relatividade mal-intencionada. Dentre as quatro verdades nobres do Budismo, a primeira, esclarece essa questão, propondo a compreensão de que tudo que começa tem um fim, percebendo o fluxo e a mutabilidade, essenciais na natureza como uma forma de libertação do sofrimento de resistir à mudança.

O guerreiro confia em si como possibilidade, jamais como certeza. Por certo, tem somente o que não muda. O excesso de confiança e de autoconfiança induz a erros, distorcendo a realidade e afastando-se do centro. Esse é um grande desafio para o guerreiro. Um dos grandes líderes guerreiros da história, Alexandre, o Grande (356 - 323 a.C.), foi vítima de soberba diante de suas grandiosas conquistas. Esqueceu a moderação militar herdada por seu pai, o rei Filipe da Macedônia e o senso de moderação aristotélico. A sedução da autodeferência, da divinização do poder e do exibicionismo corrompeu-lhe a jovem alma, provocando a crítica de seus preceptores.

O princípio da dúvida, como enfatizado por Santo Agostinho, conduz à verdade e impede que o guerreiro torne-se prisioneiro do orgulho. A dúvida remete-nos à realidade, ao questionamento, ao possível, e também desmonta o império do conformismo, a continuidade de conceitos antigos, entabulando o novo, a mudança diante do que era considerado impossível ou irremediável. É uma forma necessária de resistência. Mas dúvida em excesso produzirá perda da oportunidade de agir e, consequentemente, estagnação. Dúvida é também uma forma de cisão e distanciamento e, como tal, promove um enfraquecimento. A solução e a retomada da unidade devem ser rápidas para eliminar tal vulnerabilidade, porque a dúvida é um dos instrumentos para a consumação do princípio de Maquiavel, *"divide et impera"*(divide e impera). Tanto no aspecto pessoal quanto no coletivo, a divisão é um grande risco, dela surge a negação e o conflito interno. Perceber a unidade na diversidade e a mutabilidade que envolve a superfície, repleta de humores, temperamentos, desejos, hesitações, sentimentos, pensamentos, motivações e acontecimentos, e ser guiado pelo centro imutável de *Si-mesmo*, revela-se como paz, autoconhecimento e autocontrole. É a sede do eterno. O desconhecimento dessa verdade permite que outras forças dominem a consciência e o corpo e que outros se habilitem ao poder.

Sendo puro, o guerreiro pode ver refletida em si mesmo a realidade que o cerca e não o que ele deseja ou pensa sobre ela. Por vezes, é preciso ver sem ouvir, para não ser seduzido por palavras doces e elogiosas. Perceber as vibrações emanadas pelo tom de voz e a coerência entre os gestos involuntários, expressão facial e palavras. É o estado de relaxamento de tensões e intenções que possibilita ver sem pretensões (pré-tensões) no silêncio interior, favorecendo a visão real.

O guerreiro imbuído de *viveka,* discernimento, observa atentamente a si mesmo e os companheiros; procura perceber onde há verdade, confiança, covardia ou inveja. Com o olhar livre de necessidades, pode ver claramente a alma do interlocutor. As necessidades traem a realidade, forjando-a convenientemente. E o prejulgamento impede de captar o sentido das intenções. O guerreiro que não associar o discernimento e a responsabilidade à ânsia de liberdade, acabará por escravizar até o que já tinha de liberdade.

Conta-se que Morihei Ueshiba (1883 – 1969), fundador do *Aikidô*, desafiava seus alunos e sempre os vencia. O segredo da vitória consistia no conhecimento antecipado da direção do golpe. Mestre Ueshiba percebia a intenção do golpe na mente do oponente. O pensamento antecede o ato. A calma mental possibilita o vislumbre da intencionalidade alheia.

Pureza não implica em ingenuidade. Enquanto uma é cristalina, a outra é branca, opaca, só vislumbrando parcialmente pessoas, coisas e acontecimentos. Uma pessoa ingênua dificilmente será íntegra. Para ser inteira, faz-se mister enxergar a dualidade, observar todas as partes de si mesmo e do outro, na totalidade que chamamos vida. A ingenuidade carece de virtude e promove desacertos. Ingenuidade leva à imprudência e a imprudência dos homens, segundo Maquiavel, "não vê o veneno escondido nas coisas que lhes parecem boas a princípio".

> *Em situações em que a estratégia é o guia máximo da situação, costuma-se não aceitar coisa alguma ingenuamente segundo as aparências; mas é essencial, portanto, ter a inteligência e o equilíbrio para evitar tornar-se excessivamente imaginativo e cair numa paranóia que provoque o próprio fracasso. (Sun Tzu II, 2001:21)*

Ingenuidade não deve ser confundida com inocência. Uma pessoa inocente perde a experiência de julgar atitudes ou ações. Está aberta a decepções, mas aprenderá rapidamente com suas decepções. O indivíduo ingênuo teve a experiência de ser machucado pela decepção mas nega sua significação. Ele, também, está aberto para as decepções porque é incapaz de reconhecer sua natureza. A ingenuidade é uma forma de autodecepção na qual a pessoa é forçada quando está sendo enganada e não pode ou não ousa encarar a verdade (Lowen, 1983:113/4).

O olhar de um guerreiro expressa a malícia instintiva dos felinos e das aves de rapina, para não ser surpreendido, protegendo, no fundo, seu olhar de menino[5]*. "Quando os guerreiros não conseguem ver fartura e desgraça antes que elas tomem forma, não sabem como se preparar". (Sun Tzu II, 2001:117)*

VIGILÂNCIA

Bem-aventurados aqueles servos, os quais,
quando o Senhor vier, achar vigiando!
Em verdade vos digo que se cingirá,
e os fará assentar à mesa e, chegando-se, os servirá.
Virá o senhor daquele servo no dia em que o não espera,
e numa hora que ele não sabe, e separá-lo-á,
e lhe dará a sua parte com os infiéis.
Lucas 12:37 e 46

O guerreiro procura a vigilância constante, ampla, sem a fixação em um foco específico. Qual um leão guardando a entrada de locais sagrados, seu olhar se mantém aberto mesmo adormecido. Sabe-se que o leão foi escolhido como símbolo de vigilância e da guarda divina pela crença entre os antigos de que ele dormia de olhos abertos (Williamson, 1981). A vigilância como atitude é abertura e expansão, e não convergência e canalização, que são manifestações da atenção e da concentração em um único ponto. Ambas são importantes, porém a vigilância possibilita a percepção de si mesmo e o

[5] - "Guerreiros são pessoas, são fortes, são frágeis, guerreiros são meninos no fundo do peito." Letra e música de Gonzaguinha

autoconhecimento, enquanto a atenção concentrada restringe-se à consciência corporal e mental.

A sutileza escapa pelas vias inconscientes e os sinais contraditórios quedam latentes. Enquanto há presença de bloqueios emocionais, o fluxo da energia e a consciência estão limitados e a autopercepção é diminuída e distorcida. Ao conhecer suas carências, o guerreiro pode vencer a tentação de compensar, com a busca efêmera de poder, tudo o que faltou em sua vida. A carência, antes um poço sem fundo, sombrio e indesejável, abre-se ainda mais para abraçar a vida. Seus contornos sufocantes e passivos agora se estendem ao infinito em ativa movimentação. O que antes era carência (sofrimento, amargura, lamentação, culpa e arrependimento) torna-se avidez pela vida (vontade, possibilidade e responsabilidade). Um guerreiro é, antes de tudo, um amante da vida, sabendo encontrá-la mesmo entre despojos e escombros.

"A vigilância é uma atitude que faz de você a testemunha, ao mesmo tempo, do que acontece fora de você e do que acontece em seu interior". Essa vigilância ideal, para Desjardins (1993), tem o sentido de *awareness (consciência desperta, autoconsciência),* é uma função do *Si-mesmo* e não do ego. Transcende a faculdade de "pensar sobre" e as inevitáveis atribuições valorativas. O próximo obstáculo, interior ou exterior, poderá ser insignificante, mas se estiver desatento, não irá percebê-lo, e, seja qual for a natureza do obstáculo, facilmente exercerá o seu poder destrutivo e retentivo, retardando ou finalizando abruptamente a caminhada do guerreiro.

Na vigilância, tal como o estado contemplativo, não há intenção. Para estar vigilante o guerreiro precisa estar livre, para ser integral e adequado, transcendendo, momentaneamente, os diversos papéis (familiares, sociais, profissionais e espirituais) que representa, pois cada papel tem suas intencionalidades e tensões naturais. Sem intenção, não há desejo, medo, negação, esforço ou tensão. O desejo aqui mencionado não está relacionado à vontade ou à paixão natural do espírito guerreiro, e sim a inúmeros outros desejos que possam desviá-lo de sua meta em um momento decisivo. Desjardins continua, "a vigilância é uma função que permite evitar que as tensões se acumulem. Se há vigilância, há distensão". Todas as tensões não distendidas se acumulam. Porém, a distensão por meio do grito, luta, sexo, esporte, banho quente, massagem, pode ainda deixar resíduos, porque, sem a consciência profunda, apenas uma parte das tensões é relaxada. As contrações musculares, emocionais ou mentais relacionam-se com as defesas do guerreiro e, consequentemente, com seus conteúdos projetados. Mas na vigilância não há lugar para projeções.

A vigilância permite ao guerreiro seguir seu caminho e manter-se fiel à vida. Sem olhar para trás, caminha com o que foi agregado – experiências ou cicatrizes. Pouco importa o tamanho do obstáculo depois de superado; importa a qualidade da alegria em havê-lo superado. Se houver graves ferimentos abertos, cuida-os com seu improviso peculiar, se forem pequenos, procura ignorá-los, sem se fixar naquilo que os causou. Diferente da visão popular do guerreiro vingativo, o guerreiro universal procura ser livre de mágoas para poder ser justo. Suas cicatrizes são troféus, exibindo a marca de sua luta, da experiência acrescida e da inegável sobrevivência, uma vitória que transcende o resultado almejado.

Estando vigilante, o guerreiro pode perceber tanto o perigo quanto a movimentação inevitável de suas tendências internas. A mente vigilante não resiste ao que é intuído e sempre conduzirá o guerreiro pelo caminho mais rápido e com a atitude mais adequada. Vigilante, pode antever a proximidade do senhor a quem serve e recebê-lo com as devidas honras, portando-se com a nobreza que lhe foi conferida. A humildade de um guerreiro está na altivez de sua postura, na prontidão de sua mente e na receptividade ao comando de seu senhor. Humildade revela grandeza. Só um homem verdadeiramente grandioso tem a capacidade de ser humilde. A pretensa humildade alardeada pelos medíocres subverte esse entendimento. Ignorância e humildade não combinam, excluem-se mutuamente. A humildade é fruto de simplicidade e sabedoria. Para admirar e valorizar algo fora, é preciso que este algo já exista em si mesmo, ainda que em potencial, para poder ser reconhecido em outra pessoa.

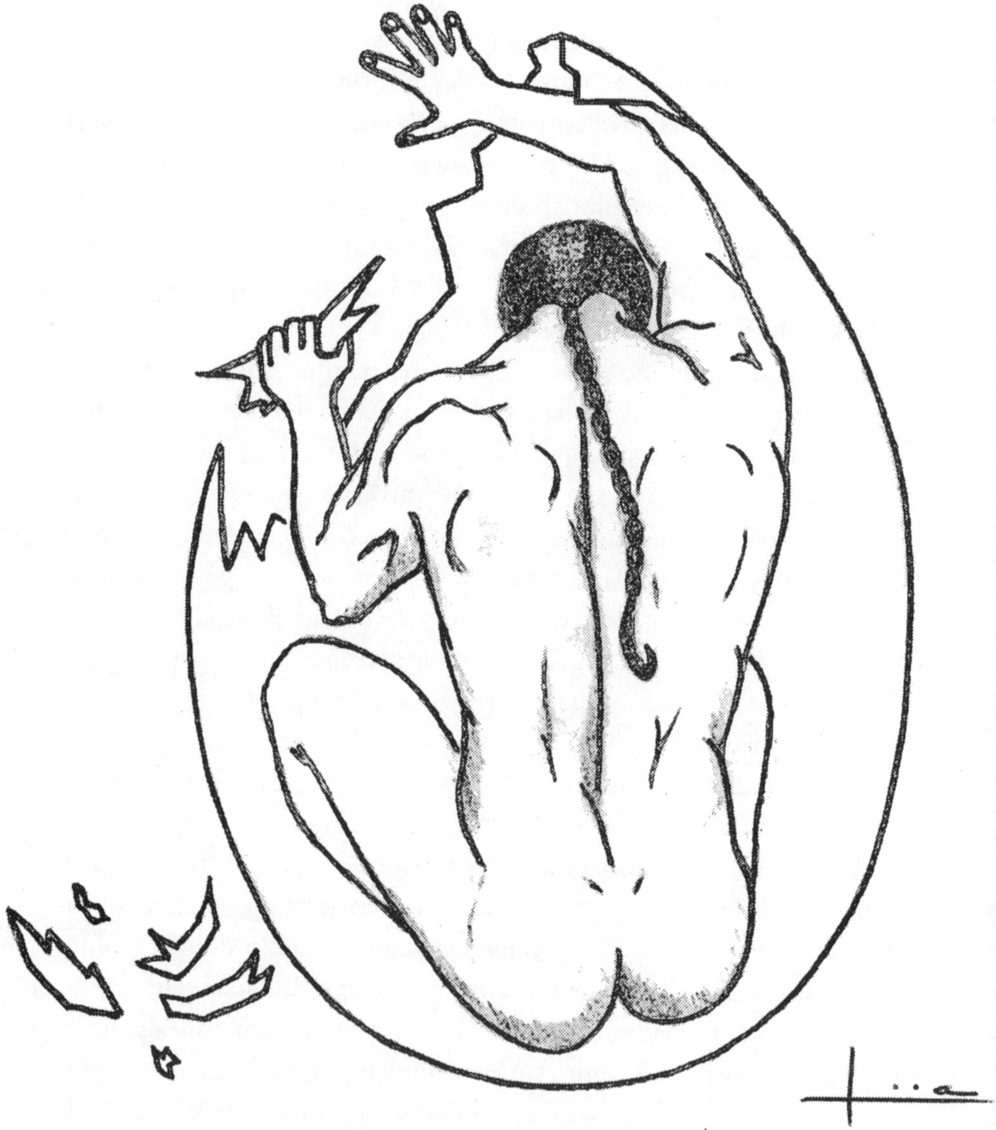

Capítulo
II

TREINAMENTO E RITOS

- Parece-lhe por acaso que me dedico ao treino do arco e flecha com o objetivo de alvejar dez ou 20 soldados em campo de batalha? Minhas flechas têm o espírito como alvo!
Yoshikawa

Quando o guerreiro se determina a aprender, a aperfeiçoar-se e a alcançar seus objetivos, tende a valorizar apenas as características externas, mas o treinamento envolve o conhecimento de si mesmo, o conhecimento das leis naturais, e o reconhecimento da beleza e grandeza da vida, esmerando a natureza humana como um todo.

A disciplina física e mental é conquistada na estrita observância de formalidades no *dojô* e na prática do *kata* das artes marciais. Morihei Ueshiba recomendava a constância no treinamento e não a confiança em técnicas secretas. A repetição dos movimentos buscando a perfeição da forma era o necessário. Depois, naturalmente viria a prática sem forma. A reflexologia é o princípio da prática do *kata*, promovendo assimilação automática e não racional dos movimentos. E porque não requer o pensamento, os movimentos tornam-se flúidos e contínuos, sem desperdício de energia.

Rituais, dos mais simples aos mais complexos, tornam a mente receptiva, aumentam a sintonia entre o mundo interno e o externo, entre o homem e a divindade, entre lideranças e parcerias, canalizam a energia para o fim almejado, mantendo a motivação e o sentido de unidade. A periodicidade do ritual depende de seu objetivo. A rotina, porém, tem entre seus benefícios a economia de energia e a objetividade, e observa-se como riscos a eliminação do entusiasmo e o distanciamento do objetivo, tornando-se um ato mecânico com a mente e o coração ausentes. Isso gera, sobretudo, desatenção, ausência de receptividade e falta de determinação. A repetição aprofunda, mas pode cansar; a inovação estimula, mas pode superficializar. Ambas são necessárias.

A determinação direcionada a um objetivo específico é uma força poderosa que alia sincronicidade, corroborando para a fluidez e para o alcance do objetivo. Um guerreiro determinado gera uma força capaz de destruir os possíveis interesses alheios em minar a conquista de seu objetivo. Se brincarmos com a palavra DETERMINAÇÃO poderíamos dizer que é uma força capaz de deter, no inimigo, a ação de minar a missão de que o guerreiro foi incumbido e de eliminar o seu entusiasmo. Como se a persistência do guerreiro demarcasse sua trajetória, traçando limites como escudo, ou desbaratando investidas contrárias para deter sua ação. Com determinação, o guerreiro foca a solução e não o problema. Focar o obstáculo mantém a mente aprisionada e com sentimentos desagradáveis. O foco na solução, no infinito, na possibilidade motiva e entusiasma, mantendo o guerreiro sintonizado com a vida. A determinação produz uma onda capaz de dissolver a resistência do adversário e capaz de superar a resistência do obstáculo em nossa mente. A determinação é como uma flecha que, depois de atirada, só pára quando atinge o alvo. A sincronicidade faz com que o guerreiro encontre tudo que é necessário, no seu devido tempo. Deus antecipa suas graças quando estamos próximos de uma vitória.

Equilibrar, com base em características pessoais e bom senso, a força, racionalidade e objetividade do masculino com a suavidade, sensibilidade e intuição do feminino – o concreto e o abstrato, a estrutura e a flexibilidade, a permeabilidade e a reserva –, torna o treinamento de um guerreiro a história de toda sua vida e de seus relacionamentos.

O guerreiro, seja homem ou mulher, expressa características tanto femininas quanto masculinas aperfeiçoadas em seu treinamento. O homem, entretanto, tende a reprimir a sensibilidade para confirmar sua masculinidade, sem saber que é exatamente essa repressão que mais o fragiliza. Reprimindo a sensibilidade, impede também a receptividade e a intuição. A mulher, por sua vez, precisa "realçar as características 'masculinas' da preparação, da perseverança (vontade) e da produção – essenciais ao processo criativo" (Goswami, 2003:198).

A criatividade está presente em todas as artes marciais, como uma manifestação da vida. Condicionamentos mentais podem ser substituídos por atitudes criativas, fruto da flexibilização dos movimentos. A busca da harmonia nos movimentos e na mente, e a percepção do outro podem desenvolver o senso de unidade e compaixão. Segundo Kisshomaru Ueshiba (1999), filho do fundador do *Aikidô*, esta é uma forma de arte marcial tradicional, que realiza o amor universal através de treinamento rigoroso do corpo. O desenvolvimento físico e a disciplina não podem ser separados do desenvolvimento mental e espiritual.

Com isso é possível ao guerreiro perceber na vida a integração e a manifestação do feminino, da energia, em todas as pessoas. E sentir-se-á Espírito para desposá-la, quer tenha nascido homem ou mulher. A partir de então, ele a defenderá de conceitos errôneos. Não que a vida necessite defesa, mas o guerreiro lutará para mantê-la íntegra no coração dos seres humanos.

No Japão, o treinamento dos samurais incluía a delicadeza do espírito. Os samurais aprendiam caligrafia, poesia, pintura, escultura, *Ikebana* (arte dos arranjos florais) e *Chanoyu* (arte do chá), como refinamento de sua natureza em complemento ao treinamento marcial e ao ideal espiritual de harmonia e paz.

> *Quando um espadachim se dedica à escultura, está empenhando-se em elevar o espírito, assim como um monge, ao empunhar uma lâmina e esculpir uma imagem santa em estado de auto-anulação está procurando*

aproximar seu espírito ao do santo que esculpe. O mesmo espírito norteia os que pintam, ou se dedicam à caligrafia. A meta de todos é atingir a lua, mas muitos são os caminhos que conduzem ao cume da montanha. (Yoshikawa, 1999:938)

Na China, Confúcio também enfatizava o equilíbrio, ensinando "literatura, conduta pessoal, ser o verdadeiro 'eu' e honestidade nas relações sociais" (*apud* Yutang, 1945:751).

Inicialmente, o guerreiro tende a se esforçar tensionando o corpo e enrijecendo a mente. Isso lhe parece dar resultados e traz uma certa segurança e controle, pois sente fisicamente seus músculos e compartimenta sua mente, enquadrando emoções, pessoas, comportamentos e situações. Ao longo do tempo, essa atitude revela-se um entrave e o guerreiro descobre-se iludido e frágil, crendo ainda que necessita esforçar-se mais. Esse esforço exagerado e artificial visa, inconscientemente, preencher um vazio psíquico e compensar uma insegurança (Borges, 2003).

Se tal esforço partir para uma preocupação em desenvolver músculos, a demonstração de força física pode transformar-se em uma obsessão, colocando o corpo e a mente em risco (Ballone, 2002). A atividade física compulsiva associada a dietas exageradas de proteínas e o uso indevido de anabolizantes promovem um envelhecimento precoce das articulações e dos órgãos, aumento da agressividade, alteração no humor e na memória, perda do autocontrole e pode provocar impotência, surgimento de tumores cancerígenos, hipertensão, problemas cardíacos e renais, acne, calvície, além do desenvolvimento de características sexuais do sexo oposto. No homem pode levar ao crescimento irreversível das mamas e na mulher a hipertrofia clitoriana.

Nesses casos obsessivos, há uma distorção na percepção da realidade sobre a própria imagem. A pessoa não se percebe como a maioria das pessoas a vê e está sempre insatisfeita com a aparência e com o desempenho, desenvolvendo comportamentos compulsivos na tentativa de tornar-se ainda mais forte e completo. É a chamada Vigorexia ou Síndrome de Adônis, caracterizada pela busca desenfreada pelo vigor.

A fixação na aparência e a rigidez muscular impedem o fluxo natural da energia, necessário à saúde e ao bom desempenho. Tal desequilíbrio impede a sintonia com a natureza, pois na tensão, o universo do guerreiro torna-se limitado ao campo de sua tensão e de sua necessidade, e impede a ação livre e harmônica. Com isso, o guerreiro absorve, de maneira narcisista, a autoria da ação, desconsiderando o auxílio de aspectos mais sutis da vida e a correlação com seus companheiros e instrutores. Assim, o universo deixa de agir inteiramente na consciência do guerreiro, restando um guerreiro solitário e presunçoso. Durante os treinos, cada um na academia é, na verdade, todos. O progresso de um repercute na aceleração do outro. A dificuldade de um serve de lição para todos. Ninguém erra ou acerta isolado. Tudo é relação. Realizar isso traz humildade e compaixão.

O que norteia a relação com o outro e com o meio é a relação consigo mesmo, com suas emoções e sua corporalidade. Ao longo da vida, como durante o treinamento, o corpo e as emoções vão modificando-se e os pontos de contenção, joelhos, cintura e pescoço, flexibilizam-se, deixando fluir o que antes era restrito à área que os antecede. O corpo e a postura evidenciam os aspectos emocionais, a trajetória individual, o modo de apreender o mundo e as experiências, seus anseios e dificuldades particulares. Lowen, discípulo de William Reich, descreveu padrões defensivos de proteção à dor e ao sofrimento psicológico, formando couraças físicas que impedem a fluidez da energia e do prazer subseqüente. Os tipos de caráter esquizóide, oral, narcisista, masoquista ou rígido são perceptíveis na estrutura do corpo e podem ser amenizados pela reeducação postural e pela liberação das tensões. A postura interfere diretamente no ponto de vista. Um reposicionamento diante de uma situação difícil traz outra perspectiva e uma possível solução. Salvo em alguns casos, a postura física não se separa da postura mental.

Lidamos com o somático a partir do corpo ancestral e das interações ambientais. A herança biológica serve de referência e de cuidado, caso contrário pode virar sentença. Ainda não se tem completo conhecimento ou domínio sobre o que foi herdado, mas o estilo de vida (modo de ser, pensar, sentir, perceber, alimentar-se, ocupar-se etc) é preponderante em grande parte dos casos para a saúde física e mental. Não somos isolados de nossos ancestrais e temos responsabilidade com as informações genéticas que perpetuaremos. "Pela vida corporal, segundo Keleman (2001),"descobrimos que somos parte de alguma coisa maior do que nós mesmos, algo que é contínuo, apesar de sermos descontínuos".

Observar o próprio desenvolvimento, entender a origem, aceitar o modo como encontramos para nos defender e reconhecer a inutilidade atual desses padrões, dá-nos a possibilidade de transformar o que temos, de escrever conscientemente os próximos passos, transformando corpo e mente. Campbell e Keleman (2001) acompanharam a trajetória de Parsifal que trata de mudanças somáticas e da necessidade de encarnar um corpo de guerreiro. Na lenda, o herói parte da forma **ectomórfica,** com aspecto faminto ansioso, contido e voltado para si mesmo, passando pela **mesomórfica**, com aparência robusta e rígida, revelando um espírito aventureiro, enérgico, competitivo e voltado para o meio, mas ainda insensível às necessidades dos outros. É como mesomórfico que se estabelece o drama guerreiro. Parsifal utiliza a imagem guerreira e o código social da cavalaria para criar uma forma de ser. Parsifal, para ser Cavaleiro do Graal, teria de envergar uma natureza nobre e um agir coerente. A consciência de sua individualidade é a condição primeva para ser cavaleiro. Relativo ao Graal, é que ela seja nobre. Posteriormente, Parsifal vai abandonando as regras alheias, ao ser capaz de abrir-se para o outro, ter empatia e compaixão por seu sofrimento. O herói termina com um corpo **endomórfico**, mais arredondado, relaxado, compassivo, acolhedor, aberto para a relação com o outro, convidativo.

O narcisismo inviabiliza a aproximação genuína com outra pessoa e a vivência de uma relação Eu-Tu, nos moldes da dialética buberiana. Como não há o predomínio de um eu verdadeiro, o outro é visto como objeto. Sua relação é o que Buber (1979) chama de Eu-Isso. O narcisista, em sua dimensão egocêntrica, não inclui o outro, o mundo e o amor. Não há amor por si mesmo, nem pelo outro. Não há aceitação e sim idealização. É vazio de si mesmo, um vazio negativo, faminto, voraz e não-criativo. Nada é suficiente e uma depressão de fundo permeia seu universo superficial. Renunciar a esse eu narcísico é o início da autêntica individuação (May, 1992). Manter uma platéia de admiradores e invejosos é criar um cordão umbilical como um meio de amenizar a insegurança e de construir uma identidade alicerçada em referenciais importados na tentativa de encontrar o *Self* genuíno. Recebe-se passivamente os sentimentos alheios sem emitir nenhum, sem qualquer investimento ou esforço, como a nutrição materna da vida intra-uterina. A relação narcísica é só consigo mesmo, porém um eu falso, um ego inflado e insatisfeito. O guerreiro precisa transformar o narcisismo calcado na imagem social para fundamentá-lo no *Si-mesmo*.

Ao aceitar tanto a rejeição quanto a aceitação alheia, compreendendo a auto-rejeição envolvida na dificuldade inicial, o guerreiro torna-se livre. Passa a aceitar-se, não mais perseguindo uma fantasiosa unanimidade para saciar seu orgulho narcísico ou compensar sua falta de auto-estima. Nem rejeita vingativamente, para manter-se no trono solitário de suposta auto-suficiência. Quando as características humanas são aceitas, aceita-se a falibillidade e a interdependência, e o guerreiro aceita ser reconfortado no colo alheio ou no abraço amigo, semelhante a um templo em que ele se recolhe para viver sua interioridade e revigorar-se. Assim, o divino manifesta-se autêntico no herói humano, legitimando-o como instrumento.

É a sabedoria do universo, a grande Inteligência, que age por meio de cada ser vivente. Ao impedir o fluxo da energia, da inteligência, o guerreiro retém, resiste e não se rende. Porém, a máxima da vitória pode estar na entrega, na liberação, em deixar passar, "Não resistais ao mal" (Mateus 5:39), que força pode haver em NÃO RESISTIR?

Cedendo inicialmente, o guerreiro confunde o adversário que espera pela reação instintiva. A reação natural é de afastar-se, de contrariar, de negar, levando a um gasto desnecessário de energia vital. Ao ceder, o guerreiro pode controlar a força do adversário unindo-se a ele. Unindo-se ao adversário, a energia dele é reaproveitada e redirecionada. O contato com o adversário possibilita a sintonia com suas intenções e a condução para a solução viável. Sem defesa ou medo, não há mais tensão sendo gerada, diminuindo assim a energia disponível para o adversário. É o tempo necessário para sentir o adversário, conhecer seus limites e estratégias. Com o contato, naturalmente, a zona de atrito aumenta, favorecendo a harmonização e o crescimento. O conflito é maior, porém a possibilidade da troca de experiência também aumenta.

Esquiva pode ser estratégia, mas o hábito da esquiva revela o medo do enfrentamento; torna-se fuga, é inconsistente e não soluciona. Isso se aplica tanto às questões práticas do dia-a-dia, quanto à subjetividade das emoções envolvidas nas relações interpessoais diante de um conflito de interesses, sonhos e expectativas.

A resistência dá base e consistência à agressão sofrida, assim como é a resistência do ar que dá sustentação à intenção de voar. Transforma o agredido em zona de impacto. Resistindo, uma realidade forma-se no contato. A existência fenomenológica depende da resistência. A resistência (*rajas*[6]) enseja a insistência pela parte contrária e produz apego. Se não resistir, há fluidez e impermanência, desde que seja resultante de confiança, compreensão e renúncia. Essa não-resistência (*sattwa*) é o que na Índia se chama de ação na inação. A não-resistência (*tamas*), que é fruto de omissão e inação negativa, revela medo passivo, covardia, dificuldade de mudar e aceitar o novo. Algo passa, não fica retido. Deixa de ser realidade ou nem chega a ser. Não há como insistir diante daquilo que não resiste. Resistindo ao mal, damos realidade a ele; dando realidade, damo-lhe poder para voltar-se contra nós. O adversário faz tudo para induzir o guerreiro a resistir a ele. Não resistir onde se foi tocado pelo adversário e criar

---

6 - Gunas (sattwa, rajas e tamas) *são qualidades que constituem a natureza psicofísica.*

um surpreendente deslocamento do centro, jogando o adversário no vazio subsequente, espaço anteriormente ocupado pelo guerreiro, é uma estratégia. Afinal, não era exatamente esse espaço que o adversário queria? O vácuo não pode ser aprisionado. O vazio exerce atração àquilo que se aproxima e tem a capacidade de restabelecer a harmonia e descortinar a verdade. Projetar o adversário no vazio ou arremessá-lo ao infinito simboliza o desejo do guerreiro de ampliar-lhe a consciência rumo à totalidade do ser, rompendo as cadeias que aprisionam seu modo de pensar e que criam o desvio em forma de violência. O vazio é o espaço da possibilidade, da criação e da transformação.

ESTÁGIOS OU ATRIBUTOS DA AÇÃO

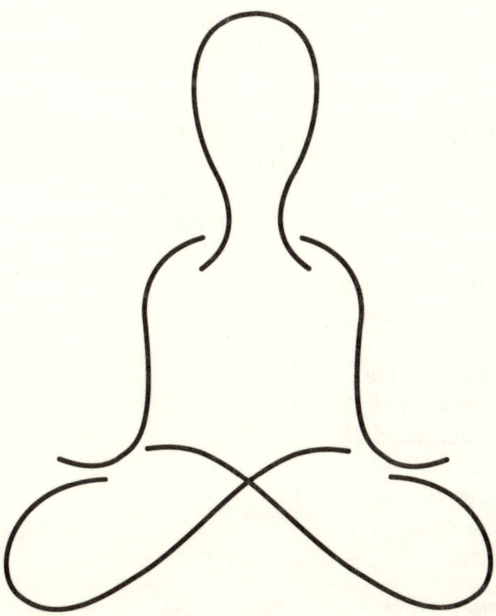

CHAKRAS	GUNAS
Sahasrara Ajna Vishuddha	Sattwas
Anahata	Rajas
Manipura Svadisthana Muladhara	Tamas

CRITÉRIOS DO *BHAGAVAD-GITA* E SUA CORRELAÇÃO COM A ATITUDE GUERREIRA

Segundo meu entendimento, relacionei as características mencionadas abaixo a partir do cerne de cada estágio da ação, em sua abrangência física, mental e emocional. Tais características, relativas aos *gunas*, refletem apenas uma predominância. Não são, segundo o Yoga, exclusivas nem estáticas. Correspondem à predominância da consciência desperta nos *chakras*, centros de consciência (ver ilustração anterior), e não simplesmente à circulação da energia nesses centros. Na consciência desperta, a energia circula com mais intensidade e beleza.

NÃO-RESISTÊNCIA INCONSCIENTE OU RESISTÊNCIA INSTINTIVA *(tamas)*	RESISTÊNCIA CONSCIENTE COMPULSÓRIA OU VOLUNTÁRIA *(rajas)*	NÃO-RESISTÊNCIA CONSCIENTE E ESPONTÂNEA *(sattwa)*
INÉRCIA	ATIVIDADE	EQUILÍBRIO
Omissão, negligência e inação negativa, preocupação, obstrução	Ação, reação, imprudência, imperícia, competência, ambição, pró-ação	Correspondência, observação e ação na inação, ou inação positiva
Satisfação, insatisfação	Realização, frustração	Auto-realização
Ilusão	Desilusão e busca	Clarificação e iluminação
Medo passivo, angústia, desconfiança, inveja, ódio, egoísmo, cobiça, indolência, preguiça, apatia, corrupção, comodismo, lentidão, desordem, insegurança, pessimismo, procrastinação, auto-indulgência, compulsão, condicionamento, irresponsabilidade por omissão	Medo, labilidade de humor, confiança, dúvida, raiva, ira, indignação, rebeldia, culpa, paixão, amor, ódio, busca, agressividade, resiliência, egoísmo relativo à disponibilidade de tempo e recursos, altruísmo, devoção, intuição, gratidão, discriminação, controle, impulsividade, disciplina, adaptabilidade, otimismo, responsabilidade e irresponsabilidade por imprudência e impulsividade	Confiança, liberdade, amor, altruísmo, tranqüilidade, criatividade, autocontrole, atitude realista, zelo, intuição, contemplação, comunhão
Medo de morrer	Morte como parte da vida	Não há morte (imortalidade)

Senso de existir vinculado à sobrevivência pessoal e da espécie, e ao TER	Senso de existir vinculado ao DEVER, FAZER e PERTENCER	Senso de existir vinculado ao EXPRESSAR, SER e SABER
Predomínio da INCONSCIÊNCIA, confusão de limites ou limites muito estreitos	Predomínio da CONSCIÊNCIA, limites bem definidos	Predomínio da SUPERCONSCIÊNCIA e expansão dos limites, transcendência
Individual	Individual e coletivo	Universal
Ignorância	Conhecimento	Sabedoria
Dissolução (Shiva)	Atividade, criação (Brahma)	Preservação (Vishnu)
Três *chakras* inferiores *(muladhara, svadisthana e manipura)*	*Chakra* do coração *(anahata)*	Três *chakras* superiores *(vishuddha, ajna e sahasrara)*
Terra, Água e Fogo (predomínio do elemento Terra no *muladhara*)	Ar (predomínio do elemento Ar sobre a água e o fogo)	Éter (Vazio) (predomínio do Éter sobre o Ar e os demais elementos)
ESTAGNAÇÃO, submissão	TENSÃO, movimento, guerra	RELAXAMENTO, paz
Prisão	Rebelião	Libertação
Percepção de suas necessidades primárias	Percepção da dualidade (oposição), percepção da injustiça e da necessidade alheia, percepção de seus anseios mais refinados	Compreensão da realidade, autopercepção e percepção da unidade
Provoca o desprezo do outro	Provoca mais ação no outro, oferece base e energia ao adversário, produz insistência, apego, confronto, rupturas bruscas e desgaste	Produz harmonia, fluidez, cessação do conflito, desapego, renúncia e paz
Covardia ao entregar-se ou ao fugir	Coragem para lutar ou entregar; estratégia para fugir	Coragem para entregar-se ou ceder

Guerreiros surgem a partir da presença de *rajas*, não antes, mesmo que *rajas* ainda não seja predominante em seu temperamento. É o caso da consciência no *chakra svadisthana* e *manipura*, em que há grande concentração de energia, embora ainda seja grande a influência de *tamas* em sua natureza. A ação pode predominar *rajas*, mas a motivação ainda predomina *tamas*.

Em geral, os três atributos coexistem em todas as pessoas de modo diferenciado. A predominância de um sobre o outro está vinculada às características individuais, às influências e necessidades ambientais e à interação do ser humano com o meio. Aqueles que se tornaram guerreiros o fizeram para controlar a hostilidade do meio e seu poder destrutivo, protegendo a si e aos demais. Ao longo da evolução, os guerreiros foram aperfeiçoando seus métodos e instrumentos, e enriquecendo a cultura local com suas aventuras. De uma apresentação impulsiva e talvez desajeitada, desenvolveram estratégias a partir do controle do próprio corpo e estabeleceram rituais e treinamentos. E não se limitaram ao corpo e às demandas da natureza; incluíram o treinamento da mente e a dimensão espiritual. A consciência guerreira expandiu, abrangendo a consciência ambiental, corporal, mental, emocional e espiritual.

O guerreiro que mobiliza todos os elementos e os domina alcança o Éter, o vazio, como um estado de consciência, o estado espiritual onde tudo é possível, onde tudo começa e termina, onde tudo tem repouso e despertar. Esse guerreiro é um mestre, iluminou os recantos obscuros de seu ser e percebeu a unidade.

Essa unidade é o diferencial naquele que superou a técnica. Durante o treinamento, o guerreiro enfrenta a dificuldade da falta de unidade entre as partes do corpo, entre o corpo e a mente, consigo mesmo e com o instrutor ou com o companheiro de luta. Quando se começa a treinar, a atenção vai para o golpe, ignorando a harmonia com o resto do corpo; fica retida, analisando a distância adequada; ou prende-se no adversário. A reconquista da unidade de maneira consciente é o que diferencia da unidade inconsciente do paraíso perdido. Qualquer bebê é uno, com as sensações, com as partes do corpo, com o ambiente e com a mãe. No desenvolvimento, sua integridade psíquica dependerá da diferenciação, da perda da simbiose. Perde-se a unidade inconsciente, instintiva, para adquirir uma diferenciação consciente que vai se perpetuando ciclicamente em movimentos de diferenciação, integração e transcendência, rumo à ilimitada unidade consciente. A diferenciação utiliza a negação e a reintegração usa a aceitação. Na transcendência ocorre a superação e o descortinar de uma nova etapa. Vê-se nitidamente o conforto temporário (não-resistência inconsciente), a contração (resistência instintiva), o desconforto (resistência compulsória), o confronto (resistência voluntária), a ruptura, a conciliação, a expansão (não-resistência consciente) e o êxtase, uma jornada da consciência de *tamas* à *sattwa*.

Há muita dificuldade em compreender a diferença entre a não-resistência *tamásica* e a *sáttwica*. No caso da não-resistência *sáttwica* o guerreiro torna-se observador de sentimentos, pensamentos e fatos. Não se movimenta impulsivamente na direção do que aprecia nem foge do que lhe desagrada. Aceita tudo sem a compulsão de repetir ou sem fugir. É livre, e vê que todos os eventos são de curta duração, permanecendo estabelecido no *Self*, tranqüilo e intocável. O ego, por natureza controlador e resistente (*rajas*), fica confuso e temeroso diante da possibilidade de abdicar de seu poder. Não vislumbra algo diferente. Não conhece relaxamento, confiança e a entrega da não-resistência *sáttwica*, mas expressa a não-resistência *tamásica* quando é imaturo e ainda não se autodetermina, permitindo que sua psique seja comandada pelo superego (o grande censor, aquele que determina o que será reprimido; o que o outro pensa – ego alheio – e não o que a própria pessoa pensa).

A mente é plástica, fluida. Quando a mente se torna prisioneira de pensamentos limitadores ou repetitivos, perde-se a criatividade e a consciência da totalidade. Os que se dizem desprovidos de criatividade estão, em verdade, apenas comprometendo essa energia em algum ponto de fixação. Criatividade é qualidade do Ser. Todos a possuem, mas poucos expressam. O padrão de pensamentos corresponde à predominância de interesses e sentimentos. A mente retida em um pensamento não pode estar vigilante, relaxada e aberta. Quando a mente se coloca distante do corpo, o resultado das ações deixa a desejar. O aproveitamento da energia vital acompanha a sintonia, a unidade, entre corpo e mente, entre guerreiro e seu adversário, entre guerreiro e sua espada, entre cavaleiro e cavalo, entre feminino e masculino.

A mente tende a ficar fixada no local onde recebe o golpe, perdendo sua plasticidade e fluidez. Takuan Soho, o monge zen que instruiu o grande samurai Miyamoto Musashi, diz em suas lições:

> *Quando você nota pela primeira vez a espada que está se movendo para atacá-lo, se pensa em rebatê-la do jeito que ela vem, sua mente parará a espada naquela posição, seus movimentos serão cancelados e você será derrubado pelo oponente. É isso que significa parar (TAKUAN* apud *Michael Brannigan,* in: *IRWIN, 2003:135).*

A matéria, como condensação do pensamento, segue a natureza deste. A resistência da matéria dá-nos a noção de sua existência, e o pensamento, fugaz, soa como inexistente. No entanto, é o pensamento divino que mantém coeso os átomos que compõem o universo material, assim como é o pensamento humano que mantém a intencionalidade da saúde e da doença no universo de seu corpo, criando uma realidade de prazer, ou de sofrimento, a que o corpo inicialmente reclama, mais depois se acostuma. Partindo da concepção da física quântica da dualidade onda-partícula, e da semelhança fundamental entre pensamento e matéria, torna-se evidente que a consciência produz resultados na realidade material. O modo como se observa uma realidade, o modo como se olha para si mesmo e para os acontecimentos interfere na função de onda, determinando parte do que será visto e do que será configurado. Diante das inúmeras possibilidades, cada um escolhe a que se tornará realidade.

A natureza guia-se pela trilha de menor resistência. Rios, raios e enxurradas seguem as trilhas mais livres. A ação humana também segue essa lei quando utiliza o hábito como atalho. Por isso os hábitos precisam ser periodicamente monitorados e selecionados pela consciência. Podem ser grandes aliados ou cruéis tutores de nossa liberdade.

O físico e filósofo austríaco Ernest Mach (1838 – 1916), em suas críticas às concepções de Newton sobre espaço e tempo absolutos, concebeu uma teoria sobre a INÉRCIA, conhecida como o princípio de Mach que, inclusive, influenciou Einsten na construção da teoria da relatividade. Para Mach a inércia de um objeto, como resistência contra a aceleração, só existe em razão de outro objeto ("em relação às estrelas fixas") e essa inércia produz forças centrífugas. Mach observou a unidade e a interação entre todos os objetos, no micro e no macrocosmo, verificando que a inércia provém da interação da matéria com o restante de massa no universo, e não como uma propriedade intrínseca da matéria. Esse conceito nos remete à sabedoria do oriente sobre a realidade única e indivisível, expandida e manifesta na multiplicidade da existência.

Analogamente, no psiquismo, a inércia do ego (parte refletida do *Self*) como oposição à mudança, girando em torno de si mesma, produz forças centrífugas que dissipam a energia vital, desperdiçando-a e mantendo a atenção exteriorizada e na superfície, distante do centro interno, ou seja, do próprio *Self*. Esse movimento tem sua utilidade temporária na consolidação do ego, para as futuras e graduais interações com realidades distintas, pois, paralelamente, com a força centrífuga, pequenas percepções dissociadas agrupam-se nas profundezas da psique. Quanto mais a consciência se eleva aos *chakras* superiores, mais a consciência se interioriza, permitindo o reconhecimento da realidade interna. Por meio da interiorização, a energia concentra-se no canal central (*sushuma*) dentro da coluna vertebral e ascende ao último *chakra* (*sahasrara*), reconectando-se, conscientemente, à fonte infinita. A interação com outras pessoas também é capaz de influenciar o movimento da energia vital, como um processo similar ao descrito por Mach, de que a aceleração de massas vizinhas influencia um corpo no mesmo sentido que a força da aceleração e que a resistência da inércia se opõe à aceleração em relação aos outros corpos e não a uma aceleração em si. E, segundo Einsten, a inércia varia em função da energia contida e não da velocidade (energia cinética), sendo, massa e energia expressões diferentes da mesma entidade. A massa inerte não é uma constante, variando de acordo com a modificação de sua energia. A matéria, sendo onda e partícula, é a energia manifestada de outra maneira.

Uma base firme, flexível e centralizada no *Aikidô* facilita arremessar o adversário para longe de si. Quando o adversário for desproporcionalmente mais forte é essa mesma base que possibilita aproximar-se, juntar-se ao adversário, desestabilizando-o pela surpresa, e sem oferecer obstáculo, ou seja, sem dar apoio, o golpe não encontra barreira. Então, sem fazer oposição, o guerreiro não sofre o impacto esperado e pode dar o contra golpe, redirecionando a força do opositor e conduzindo-o. Utiliza-se a mesma força em consonância com os princípios utilizados, se *yin* (feminino, leve, amplo, envolvente, abundante, expandido, fluido, mental, elemento água) ou *yang* (masculino, pesado, direcionado, violento, premente, contraído, inflamável, corporal, elemento fogo).

É o medo que impede a aproximação com o adversário quando se busca a harmonia. O medo está na mente quando se oculta algo, quando se teme que suas fraquezas sejam descobertas modificando o conceito adquirido, quando se sente medo de sofrer, quando se receia por sua própria vida, por desconhecer a eternidade. A dualidade está na mente, e a dualidade traz tanto a relação quanto o conflito. A razão não conhece a unidade nem o anseio máximo da relação, que é experimentar a unidade. A conciliação entre fogo e água é impossível à razão. Um elemento anularia o outro. Mas no êxtase, eles se integram e o coração conhece o duplo batismo.

Em psicoterapia, o cliente pode, inconscientemente, oferecer resistência ao terapeuta, projetando-lhe a polaridade sentida como inimiga. A cura também pode ser vista como ameaçadora pelo ego, afinal, tudo terá de ser transformado a partir de então, e muitas de suas desculpas perderão alicerce. No treinamento marcial, a resistência pode se manifestar como sono ou distração durante as demonstrações e práticas. Do mesmo modo que o instrutor, o terapeuta irá perceber o ponto de resistência e unir-se às forças conflitantes do cliente. O cliente teme trazer à mente consciente os sentimentos de dor que estão enterrados. O guerreiro aprendiz também tem seus temores. O corpo mantém as memórias do sofrimento e os movimentos libertam a energia retida. Tanto o guerreiro como o cliente, por desconhecimento de si mesmos, sentem-se inferiores diante do conteúdo emocional ignorado. Ambos cometem, inconscientemente, o erro de superdimensionar a ameaça e o objeto temido.

> *Talvez seja melhor dizer que é necessário se colocar como o lado resistente do cliente, porque o cliente por si mesmo pode não estar completamente* aware, *ou consciente, de sua resistência. Aliar-se à resistência é uma forma de* Aikidô *psicológico. Evita-se a força agressiva do oponente e reflete-se a mesma energia de volta para ele. Somente quando é possível aliar-se à resistência pode a cura genuína – tornar-se inteiro – ocorrer. "Aliar-se" significa não se opor em força – nem criar uma ameaça, ou uma reação defensiva contra a qual o cliente tenha que resistir. De fato, a dinâmica da resistência requer uma força de oposição que a reforce, "dando-lhe" energia. Conseqüentemente, tão logo o terapeuta sai do caminho do cliente, como no* Aikidô *psicológico, ele desanima. A resistência é como uma reação do reflexo patelar em relação à oposição percebida, de modo que a pessoa não sabe muito bem o que fazer quando esta oposição está ausente. Como conseqüência, o cliente precisa de algum tempo para "organizar-se". Também levará algum tempo até que o cliente reconheça que o terapeuta não é realmente o inimigo e que pode até ser um aliado. Aliados podem unir forças e utilizar suas energias combinadas para exorcizarem os "fantasmas" que assombram o cliente (Hycner, 1995:154-155).*

Essa percepção do terapeuta sobre a realidade do cliente é a mesma do guerreiro. Ambos necessitam daquilo a que o Mestre Ueshiba ressaltou como conhecimento do oculto e do manifesto. "O uso exato da força de seu oponente em sua vantagem depende de um senso de oportunidade perfeito e de um sentido apurado do maravilhoso princípio do manifesto e do oculto, qualidades da água e do fogo" (2001:37). O "Princípio da Semelhança", utilizado na homeopatia, é o mesmo indicado por Ueshiba aos seus discípulos. Na semelhança não há conflito, não há oposição nem resistência, porque não há diferença. Se o adversário atacar com qualidades da água, use princípios da água, se o ataque for com fogo, use as propriedades do fogo, se for com *ki*, use *ki*. A igualdade permite a fluidez da consciência, da energia e da cura. Na medicina homeopática sabe-se que as propriedades de cura de uma substância produzem sintomas específicos. O sintoma é visto como uma reação do organismo à doença e não como uma manifestação da própria doença, como é o caso da medicina convencional. O sintoma descreve a tentativa de sobrevivência do organismo, a busca de sua autonomia, por isso não é suprimida, ao contrário é estimulada por meio da potência do medicamento ministrado, individualizada para cada paciente.

Segundo o Ó Sensei, a sinceridade é a virtude que propicia a compreensão da verdade de que o oculto e o manifesto são um. A sinceridade integra e evita a hipocrisia e a incoerência resultantes dos conflitos não resolvidos. Essa virtude talha a coragem e a firmeza. Com isso não há medo do potencial destrutivo do adversário, nem receio de estar diante da totalidade incompreensível do cliente e de suas esmagadoras angústias e crises de auto-imagem.

O medo também impede a percepção exata do espaço e dificulta o posicionamento adequado para uma ação eficaz. É o senso de *ma-ai* (noção intuitiva de espaço, tempo e ritmo). Se aproximar demais ficará aprisionado e se ficar muito longe quedará impotente. O *ma-ai* nas relações valoriza as circunstâncias, o ambiente e respeita as diferenças individuais. Levar em consideração o ambiente, alerta Musashi (2003), é fundamental para qualquer estratégia. A sabedoria desse grande espadachim, adquirida principalmente em contato com a natureza, e aprimorada com a interiorização e o contato com mestres e adversários, deixou-nos como legado a lição de que estratégia é o próprio caminho da natureza. Conhecendo-a, o guerreiro perceberá o ritmo e a necessidade de qualquer situação.

O tempo relaciona-se com a respiração, dentro (ambiente interno) e fora (ambiente externo), expansão e contração, subir e descer, e assim por diante. A respiração separa e unifica, vinculando-se diretamente à consciência. A respiração consciente, profunda, amplia os horizontes da mente, propiciando o autocontrole e o controle sobre o tempo, na única dimensão viável, o agora.

Há o momento presente, isolado, deslocado na sensação da continuidade temporal, embora contínuo e causal; e há o instante eterno, atemporal e irrestrito, embora aparentemente contido na dimensão do intelecto que não pode conceber a simultaneidade das manifestações do tempo no ciclo da vida. Uma relação não linear que se apresenta à consciência desperta como um único instante, passado, presente e futuro, ao mesmo tempo. Uma única respiração onde a inspiração reúne as dispersivas imagens do passado e do futuro, e a exalação liberta a consciência de sua prisão linear. Para os iogues, a respiração relaciona-se com o tempo de vida. Através dela, grande parte da energia vital é absorvida e direcionada pela força de vontade. A respiração precisa ser um ato consciente.

Vivekananda (1967), o primeiro yogue a falar sobre yoga no ocidente, explica a importância do controle do *prana* (energia vital) em seu tratado sobre Raja Yoga e o compara à eletricidade. Uma respiração rítmica, quando praticada, favorece o movimento unidirecional das moléculas do corpo, produzindo eletricidade, energia. A mente torna-se concentrada e volitiva, e as correntes nervosas movimentam-se similarmente à eletricidade. Ele lembra que "os nervos mostram polaridade sob a ação de correntes elétricas, o que indica que a vontade, transformada em corrente nervosa, apresenta-se como algo semelhante à eletricidade. Portanto, quando todos os movimentos do corpo se tornarem perfeitamente rítmicos, o corpo ficará transformado em enorme bateria de vontade". Se utilizarmos a lei fundamental da eletrodinâmica (Lei de Ohm) – que relaciona a diferença de potencial elétrico (tensão comparada entre seus extremos) com a resistência do circuito e a intensidade da corrente que o percorre – veremos que do mesmo modo que a resistência de um fio condutor impede ou dificulta a passagem da corrente elétrica, quer por sua distância (comprimento do fio) em relação à entrada de energia, quer por sua estreita espessura, ou por sua desconexão (mau contato), podemos dizer que a resistência física (como retenção e bloqueio) e mental (insegurança, ignorância, ilusão, medo, dúvida, culpa) também impedem ou dificultam o fluxo da energia vital. Estreiteza mental e grande distância entre a Consciência Individual e a Fonte Universal estão entre as grandes causas de resistência para a energia que se encontra disponível a todos os seres humanos.

Por meio do domínio da respiração é possível controlar os *chakras* e encaminhar a *Kundalini* (energia "enrolada", adormecida no *chakra muladhara*) de volta à sua origem, iluminando todos os centros de consciência (*chakras*) durante sua passagem pelo *sushuma* (o canal central). Percepção extra-sensorial, sabedoria divina, expansão da consciência, autoconhecimento, realização espiritual, sentimento de unidade e felicidade encontram-se entre seus efeitos. Um yogue verdadeiro não busca o desenvolvimento de poderes, como um guerreiro legítimo não se fixa na força física e no crescimento de músculos; almeja a comunhão com a divina essência e com seu respectivo *dharma* (dever, ação correta), relativo à vontade divina. O poder é conseqüência natural, mas a harmonia com o cosmos deve precedê-lo.

Um dos pilares do *Aikidô* é o *Kokyu* (sopro vital, harmonia entre fluxo e refluxo), utilizando o poder do *prana* ou *ki*, por meio da respiração de modo fluido, firme e contínuo. Quando o *ki* é projetado na exalação, o adversário é deslocado repentinamente. Nos movimentos de *kokyu* a sensação que se tem é de entrega, devolução, oferenda. O adversário é devolvido à sua própria condição, é devolvido à vida, ao repouso, à reflexão das intenções.

O *Aikidô* é comparado a "uma meditação em movimento", atua em si e no meio simultaneamente. A meditação utiliza a respiração para acalmar a mente, para dar a conhecer o ambiente interno, para ampliar a consciência, e, conseqüentemente, perceber integralmente o ambiente externo e a unidade entre ambos. Em tibetano (Rinpoche, 2000), o termo meditação tem a mesma raiz que o verbo "familiarizar-se" e "aclimatar-se" dando um sentido de que a meditação é um instrumento para se familiarizar com outros modos de ser, harmonizar-se, estabelecer uma relação de unidade. A meditação propicia o deslocamento da atenção da personalidade para o *Self*, e isso facilita o deslocamento da atenção da realidade do terapeuta para o cliente.

Há um momento onde os ritmos individuais se encontram, e esse momento é percebido como um alinhamento ocasional de órbitas que bem pode ser aproveitado. O terapeuta, mesmo estando junto do cliente, retira-se estrategicamente, para que este possa encontrar um espaço próprio em que se sinta à vontade, seu próprio vazio criativo. O espaço totalmente ocupado mistura os conteúdos, além de ser invasivo. O vazio criativo é sempre um convite e a presença do terapeuta proporciona acolhimento e segurança diante das incertezas do cliente. Hillman, comentando sobre os encontros humanos, aproximação, retirada e vazio, compara à mística judaica *Tsimtsum*, contração primordial.

> *Como seria possível o ato da criação? Não por emanação, Deus brotando de si mesmo, pois não haveria espaço, e caso houvesse, seria imperfeição de Deus, um lugar vazio onde Ele não existisse. Então, para criar, Deus teve que se retirar; criou o não-Ele, o outro por autocontração, por autoconcentração. (...) No nível humano, minha retirada ajuda o outro a vir a ser (Hillman, 1984:29).*

Algo verdadeiro, como uma centelha divina, referente ao potencial oculto, precede ao nada. Dessa contração forma-se o vácuo primitivo, referente à auto-anulação ou anulação do ego e abnegação ("não eu, mas Deus em mim"), no qual algo se revela possibilitando a criação.

Para usar a força disponível, tanto o guerreiro quanto o terapeuta necessitam estar inteiros, funcionando como uma unidade. Mente, corpo e coração em harmonia com a própria individualidade e com o universo. Por meio desse alinhamento é possível compreender o momento presente, a intencionalidade oculta e agir assertivamente para saídas construtivas, sem permanecer vítima de sugestões emocionalmente paralisantes, nem refém dos limites (hierarquia, função e competência) dos papéis desempenhados (guerreiro, adversário, mestre, discípulo, terapeuta, cliente, pai, mãe, filho, irmão, companheiro, gestor, colaborador, funcionário etc.) Os papéis interagem simultaneamente, circundando o *Self*, que precisa ser reconhecido como autor, realizador, curador e conciliador. O guerreiro observa aberturas na posição do oponente, não, simplesmente, para derrotá-lo, mas para fazê-lo desistir do ataque, tal qual o terapeuta observa os possíveis acessos ao *Self* e à movimentação dos complexos e defesas que dominam a psique do cliente, para reconduzi-lo à harmonia.

O ego do guerreiro como senhor da ação, ainda que bem estruturado, é falível, pois sente a unidade de si mesmo apenas na percepção de sua individualidade e não estabelece conexão com as demais formas de vida nem com as instâncias superiores de sua própria natureza. Percebendo o *Self* como realizador, ao contrário, ele é invencível, porque não há luta, e pode sentir a unidade de *Si-mesmo* na extensão do infinito. "Ainda antes que houvesse dia, eu sou; e ninguém há que possa fazer escapar das minhas mãos. Agindo eu, quem o impedirá?" (Isaías 43:13).

Aquele que o ataca, em uma visão ampliada, nada mais é que o próprio guerreiro. Tanto como projeção quanto como essência divina. Ao compreender essa verdade, o guerreiro diminui as projeções dos próprios conteúdos sobre os inimigos circunstanciais, e não precisa mais ver a sua própria agressividade parecer advir do adversário contra si e assim justificar toda estratégia defensiva para eliminá-lo, fazendo o que o momento exige, em consonância com o universo. Por essa razão, homens de paz interior não irradiam medo nem violência. Em harmonia tudo flui, sendo desnecessário esforço adicional.

A idéia do esforço seria mais bem empregada no sentido de romper a indolência, incrementar a prática, potencializar a força de vontade e estar receptivo para agir como instrumento. Intercalar momentos de esforço com momentos de entrega, como ensinado em artes marciais como o *Aikidô*, atuando ora como *uke* (o que ataca), ora como *nage* (o que defende), durante a prática das técnicas, alternando masculino e feminino por meio do ativo e passivo, expansão e contração, externo e interno. É como falar e ouvir, orar e silenciar a mente para sentir a divina resposta. Ouvir como ecoou no outro o que partiu de nós e como reagiu em nós o que veio do outro. É respeitar o tempo necessário dos acontecimentos, reconhecendo os ciclos da natureza.

A CONTRAÇÃO reúne a atenção em um único ponto, evitando a dispersão da energia vital em pontos variados. A contração, como contenção, ou isolamento temporário, fortalece a identidade, a firmeza de propósitos e o caráter, delimitando e estruturando o ser. Rollo May fala da intencionalidade e da força de vontade como fundamentos para a vivência da identidade. A autodisciplina é uma forma saudável de contenção. Conter, inicialmente, uma idéia e o relato de um evento bem-sucedido aprofunda, protege e evita a superficialidade de intenções e atenções. Quem oculta absorve para si a responsabilidade. Jung (1985), porém, alerta para o perigo dos segredos não compartilhados, geradores de isolamento, sentimento de culpa e perturbações, privando a pessoa da expansão, da expressão das emoções, da solução, e tolhendo o coletivo de aprender com sua experiência e de receber a emoção que lhe concerne.

A história está repleta de casos de juramentos de sangue, feitos em torno de segredos, o que levava o imaginário popular a inventar, aumentar e omitir fatos, provocando admiração, adoração, antagonismo, perseguição, exílio ou morte. Segredos compartilhados, muito freqüentes em instituições de natureza militar, ocultista e religiosa, bem como nas relações terapêuticas, familiares e entre amigos, podem ser necessários e construtivos. A confissão, uma das etapas da psicoterapia e um dos sacramentos da Igreja Católica, atua diretamente sobre o sentimento de culpa e sobre os conteúdos recalcados, possibilitando uma libertação psíquica das tensões internas, amarras, consumição e automutilação. A confissão terapêutica difere da confissão compulsiva e da obrigatoriedade do ato confessionário como instrumento de controle e termômetro dos fenômenos sociais, onde a responsabilidade pessoal é transferida a outrem. O terapeuta torna-se um continente de escuta e não um árbitro a sentenciar o destino. A sensação de ser compreendido e a libertação acontece no intervalo das palavras, onde o pensamento renuncia suas teias e onde a distância e o tempo fenecem entre ambos, para deixá-los desnudos, sem se sentirem expostos e julgados, e ao mesmo tempo acolhidos ou abrigados, sem se sentirem limitados ou hierarquicamente separados. Hermann Hesse, em seu premiado livro *Sidarta*, construiu uma belíssima imagem sobre a escuta: "Sidarta reconhecia com crescente clareza que aquele ente que o escutava, imóvel, já não era Vasudeva, já não era nenhum ser humano, pois que se impregnava da sua confissão como uma árvore absorve a chuva" (1972:107).

A contração propicia a relação consigo mesmo, necessária ao autoconhecimento. Porém, conter também denota medo de assumir, confessar e abrir-se ao conflito e à alquimia. E o risco da contração excessiva é a retenção, o confinamento, a dor crônica e até mesmo a fobia social, a presunção e a paranóia. Por isso a confissão é necessária no processo terapêutico e na libertação da psique, evitando que o segredo, estritamente pessoal, sufoque a pessoa e a impossibilite continuar seu desenvolvimento e transformar sua realidade. A sinceridade na catarse permite ir além da narração de fatos, liberando também os afetos envolvidos. O coração se expande, abre-se para expor sua verdade, para ser transformado. A transformação se dá pelos afetos e não pelo intelecto. Expressar, revelar, expandir são movimentos prazerosos que libertam e soltam a mente e o coração de seus medos e apegos.

A EXPANSÃO abre-se para o contato com o ambiente e com as outras pessoas. A expansão, como doação, criação, abertura temporária, movimenta a energia para a execução da intencionalidade configurada durante o período de contração. Contração está para um ideal assim como expansão está para sua realização. As contrações em uma gestante evidenciam a proximidade do parto, traduzindo dor, expectativa, desejo de alívio e expansão. A expansão traz alívio, relaxamento e prazer. A transição entre um período e outro costuma ser o momento mais intenso e doloroso. É um momento de angustiante espera em que não há mais retorno. O desejo de expansão quer se consumar, e se isso não se der, haverá frustração, prejuízo ou morte. Expansão é ação, expressão, acontecimento. Na contração existe o desejo de expansão e vice-versa. Cada momento traz em si mesmo a necessidade de seu oposto. O risco da expansão excessiva é a descaracterização e a perda da identidade.

A busca é feita de tensão; a entrega, de relaxamento. O estado de tensão manifesta-se como ansiedade, irritação, agressividade, repulsão, negação e necessidade de fazer. O estado de relaxamento manifesta-se como afeto, atração, integração, acolhimento e expressão do ser. A fé caracteriza-se por relaxamento, sem que seja relapso. É uma inação ativa, consciente e voluntária. A fé desprovida de razão é omissa, atende a cegueira da própria irresponsabilidade. A vida alterna tensão e relaxamento.

Há um preceito bíblico que evoca a reflexão sobre a harmonia dos ciclos da vida:

> *Tudo tem o seu tempo determinado, e há tempo para todo o propósito debaixo do céu. Há tempo de nascer e tempo de morrer; tempo de plantar e tempo de arrancar o que se plantou; tempo de matar e tempo de curar; tempo de destruir e tempo de edificar; tempo de chorar e tempo de rir; tempo de lamentar e tempo de dançar; tempo de atirar pedras e tempo de juntar pedras; tempo de abraçar e tempo de evitar o abraço; tempo de buscar e tempo de perder; tempo de guardar e tempo de jogar fora; tempo de rasgar e tempo de costurar; tempo de calar e tempo de falar; tempo de amar e tempo de odiar; tempo de guerra e tempo de paz (Eclesiastes 3:1-8).*

Na vida pessoal, cada par de opostos pode coexistir em sua própria equivalência, ratificando o poder e a necessidade um do outro. Lidar com opostos é de grande complexidade. No entanto, questões filosóficas se entrepõem à práxis, tornando possível a combinação de opostos, mas inadmissível um conceito de perfeição que os integre. Por essa razão, São Tomaz de Aquino, na *Suma Teológica*, questionava que cada oposto dispõe de sua própria perfeição, o que mutuamente se excluiriam. E pela mesma razão também questionava a perfeição em Deus. A filosofia oriental vê a perfeição como transcendente à integração dos opostos, e não em cada um isoladamente, pois a existência de um depende da existência do outro; isoladamente, ambos seriam imperfeitos. É quase como dizer que negar um lado é como negar o outro também, pois a harmonia estará rompida. Voltando ao Cristianismo, temos em Santo Agostinho a construção da doutrina metafísica do bem e do mal a partir da noção de que Deus é a plenitude do ser e a máxima perfeição. Agostinho abandonou o pensamento maniqueísta que seguiu por alguns anos. Ele afirmava sobre sua luta interna:

Quando eu deliberava servir já o Senhor meu Deus, como há muito tempo tinha proposto, era eu o que queria e era eu o que não queria; era eu mesmo. Nem queria, nem deixava de querer inteiramente. Por isso me digladiava, rasgando-me a mim mesmo. Esta destruição operava-se, é certo, contra a minha vontade, porém não indicava a natureza de uma alma estranha, mas o castigo da minha própria alma. (1999:218)

Porém Agostinho, mesmo integrando em si mesmo as intenções contrárias, encarava o mal como a ausência do bem, *privatio boni*, entendendo que no final ele deixaria de pertencer ao todo. Jung criticou profundamente a doutrina cristã da *privatio boni* por entender que ela fragmenta o indivíduo, tornando unilateral sua atuação e projetando para a sombra tudo que não estiver de acordo com o bem proposto. Por um lado, não enxergar o mal expõe o indivíduo a perigos que poderiam ser evitados e, por outro, faz com que ele encontre um depositário para o mal que não admite em si ou em sua realidade próxima, dando-lhe uma falsa sensação de segurança. O depositário, distante e temido, tem a função de aliviá-lo da carga de seu próprio mal e eximi-lo de responsabilidade e culpa. A dificuldade em lidar com o paradoxo mantém a humanidade infantilizada e inconsciente, distante do *Si-mesmo*, que para Jung é uma combinação de opostos.

A negação de um dos opostos transforma o exagero daquele que é aceito em reflexo de seu oposto complementar, por meio dos resultados involuntários. A necessidade de repouso diante do excesso de trabalho pode provocar o estresse, obrigando a pessoa a ficar acamada. Um excesso de bondade, diante da necessidade de correção, torna-se injusta, maldosa, egoísta e negligente, principalmente em questões familiares e profissionais. Alguém "bom demais", que não quer desagradar, pode estar mais preocupado em manter esse título, do que em fazer o que deve ser feito. O prejuízo pode vir a longo prazo. Da mesma forma, alguém que se esforça em parecer "durão", camuflando ou fugindo dos sentimentos, por medo de transparecer fragilidade, se tornará frágil pelo excesso de rigidez.

A vida não corre em separado, segue misturada porque não pode esperar, o tempo conspira. Razão e sentimento caminham juntos. Se pensarmos que conseguiremos separá-los, o que foi supostamente banido clamará seus direitos por meio de outras vozes, que poderão ser alguns órgãos do corpo geneticamente vulneráveis, situações ou pessoas com essas características que, sem saber por que, atraímos. Não há liberdade no extremo da razão ou da emoção.

A natureza oferece lições de durabilidade e força como resultantes da flexibilidade, da capacidade de curvar-se e reerguer-se sem se quebrar, de se misturar sem se perder e de manter sua especificidade diante das transformações do processo evolutivo.

Resiliência, termo usado para a propriedade de retornar à forma original, capacidade de se recobrar facilmente ou se adaptar à má sorte ou às mudanças, elasticidade e capacidade de rápida recuperação (Houaiss, 2001), traz o sentido de flexibilidade. A psicologia positiva, valorizando as motivações e capacidades humanas, destaca a importância da resiliência na superação de crises e problemas nas mais variadas áreas (Yunes, 2003). Sobreviventes são guerreiros, ainda que circunstancialmente, e guerreiros são resilientes.

A ADORAÇÃO

Como a tempestade que procura sempre chegar ao fim em paz
quando se abate sobre a paz com todas as suas forças,
assim também a minha revolta se abate sobre o teu amor
e o seu grito ainda é o mesmo: Quero a ti, somente a ti.
Tagore

Um guerreiro não retém nada. Ele faz ponte entre o Criador e sua oferenda e entre o desertor e sua origem, como a volta do filho pródigo. Devolve ao Criador tudo que recebe e cumpre o que lhe foi incumbido. O guerreiro devolve, quando necessário, ao ofensor sua agressão; com movimento circular, fecha ciclos de intermináveis controvérsias; fala pouco; seu olhar e seus gestos falam por ele.

Com autocontrole, sabe ser suave e preciso, forte e harmonioso. Por vezes, desaloja seus fantasmas ocultos pelo silêncio, nos excessos da língua ou dos sentidos; uma espécie de embriaguez de sentimentos ou permissiva algazarra. Acostumado a grandes sacrifícios não se importa com seus pequenos sofrimentos. Mas o sacrifício interno não pode ser medido pelas condições difíceis, ou pelos sacrifícios externos que faz, e sim por sua atitude, quer tenha a sua vida facilidades ou não.

Sabe que na criação, Deus sente o sofrimento imanente que lhe é próprio, mas que Ele mesmo não sabe, porque para Deus, em sua transcendência, tudo é nada. Em comunhão com sua essência divina, o guerreiro redimensiona valores e a própria dor, sem superestimá-la ou ignorá-la, mantendo-se motivado pelo ideal defendido. Como demonstra o pensamento do iogue contemporâneo Paramahansa Yogananda (1976:118-119):

> *Eu sofri em Teu nome, e por Teu nome estou sempre disposto a sofrer. Como um poderoso guerreiro, com os membros ensangüentados, o corpo e a honra feridos e uma coroa de espinhos do escárnio, incansável, eu continuo a lutar. Minhas cicatrizes são rosas de coragem e de inspiração para perseverar na batalha contra o Mal. Posso continuar a receber golpes nos meus braços estendidos em auxílio aos outros e sofrer perseguições em vez de amor, mas minha alma estará sempre banhada pelo sol das Tuas bênçãos, Ó Senhor! Tu guias as campanhas de Teus soldados que conquistam para Ti os corações humanos oprimidos pela tristeza.*

Uma causa justa, um ideal consistente e definido, tornam-se motivadores, mobilizando as forças internas de cada guerreiro. Esse potencial existe e precisa ser estimulado para ser bem aproveitado. Yogananda incentiva: "Nunca tenha medo de se sacrificar para preservar um ideal". Partidos políticos, clubes esportivos e associações filantrópicas e religiosas sempre foram grandes mobilizadores. Ao longo da história, os partidos foram perdendo suas ideologias e o caráter coletivo, e a fidelidade à causa rendeu-se à indefinição, à corrupção e à confusão, ensejando a vitória dos interesses pessoais. Isso leva à dúvida e é justamente a falta de credibilidade que desmotiva os guerreiros em potencial. O pragmatismo guerreiro e a constatação da dura realidade não os devem impedir de ser também visionários.

A ação está vinculada ao ideal, assim como a oração está vinculada a Deus. Quando agimos, cabe-nos indagar a que Deus servimos e como O servimos. Um ideal não pode limitar-se às convicções pessoais, ignorando as necessidades do meio, e também não deve restringir-se às necessidades circunstanciais, eliminando seus valores e sonhos. É preciso lembrar que interesses pessoais justos harmonizam-se com a coletividade. O problema da ideologia é fragmentar a realidade, criando pseudoverdades ou verdades parciais que se revestem de um caráter absoluto. Quando isso acontece, a injustiça impera.

Quando é atacado, o guerreiro universal prontamente devolve o que lhe foi ofertado. Há sacralização nisso. Desprovido de posses, não retém nem o bom nem o mau fruto. Faz de sua *puja* (adoração) diária a detentora das oferendas que recebe. A gratidão, quando permeia as batidas do coração guerreiro, transforma as experiências em vitalidade. Essa é uma das mais rápidas formas de manter sintonia com a vida e com o instrutor ou mestre, e de automotivar-se diante das dificuldades ou dos insucessos.

Mas, o guerreiro que não produz resultados, a que frutos pode renunciar? O *Bhagavad-Gita* ressalta a importância da rendição do ego ao comando do *Self*, renunciando aos frutos da ação, quer sejam bons ou não, evitando assim a permanência da consciência no apego às vitórias ou derrotas passadas e nos intermináveis ciclos de nascimentos e mortes (tendência à repetição), o *samsara*: "Pois Eu sou o Senhor de todos os sacrifícios, e recebo-os todos. Mas aqueles que não Me conhecem em verdade, não podem chegar a Mim, e, por isso, hão de caminhar de renascimento em renascimento" (Bhagavad-Gita IX:24). Na verdade, como lembra Desjardins (1993), "o ego que oculta *Atman* é também a manifestação que o revela, e que a natureza essencial de todos os homens é não-dependente, imutável, perfeita em si mesma". O *dharma* limitado e inferior pertinente ao ego deve convergir no *Dharma* universal relativo ao *Atman*.

Tanto no Hinduísmo, no Budismo, como no Cristianismo, a recomendação para não vincular estreitamente a ação aos frutos liberta da escravidão à recompensa, ao reconhecimento de valor, à exigência de gratidão e à repetição compulsiva. Contudo, o fruto indica a árvore da qual partiu, como o resultado apura a estratégia. Como conciliar? Como renunciar ao resultado das ações e ao mesmo tempo validá-las ou não? A ausência de expectativa liberta a mente de suas preocupações. A ação é empreendida como um ritual de entrega àquele a quem serve. Essa renúncia implícita é um distanciamento necessário à liberdade, mantendo a amplitude de consciência. A árvore pode ser entendida no sentido individual e no universal. A responsabilidade restringe-se ao nível pessoal, mas a consciência não deve limitar-se a ela, pois há a interação de outras variáveis. Reconhecer o fruto auxilia a descobrir motivações inconscientes. Por exemplo, renunciar à expectativa de reconhecimento liberta a psique de sua ilusão pueril vinculada aos pais. O fruto (a ação) é perecível, a árvore (o ser) permanece em harmonia com as estações. Uma árvore centenária conhece tanto o sucesso quanto o insucesso de suas sementes e administra sua relação com a floresta; não se alimenta só da terra, supre-se com o ar, com a chuva, com o sol, com o olhar casual de transeuntes, com dejetos de outras vidas etc. Tanto as sementes que vingaram quanto as que doaram sua potencialidade para adubar o solo, cumpriram sua função. Não há culpa, lágrimas ou vitórias exclusivas; é simplesmente a vida, em sua magnânima cadência.

A ação é empreendida por amor ao dever e à vida (*dharma*), porque é o que se há para fazer. Essa é a satisfação, cumprir o papel que lhe cabe na sinfonia da vida. Talvez o mais difícil e mais importante seja perceber que na verdade o *Self* é o grande regente nessa sinfonia, onde os acordes são compostos apenas para entreter e onde todos os instrumentos intercalam e sintonizam sua atuação de acordo com a partitura. Ao mesmo tempo que rege a composição de sua autoria, confecciona os instrumentos que utiliza e assiste entusiasmado da platéia sua própria atuação.

A adoração é uma recordação constante do propósito e daquele a quem se serve. É uma lembrança contínua como uma canção de amor tentando abreviar a saudade e manter o entusiasmo diante das intempéries. É uma reverência à grandeza e ao poder de Deus. Sinfonia da vida, dádiva de Si mesmo, êxtase ou iluminação, é sempre a Graça da vida, consumando nos corações o poder de sua canção, esse Nome silencioso que fala dentro de nós com retumbante presença, deixando também sem fôlego nossos anjos e demônios. É o poder de Deus fluindo no devoto, como o poder e a vontade do universo, tornando o guerreiro invencível. Diante dessa Presença toda perda carece de significado. A adoração conduz à semelhança entre adorador e o objeto de sua devoção. Encontra o eco dentro de si mesmo.

Cada alvorada bendiz a vida e pequeninos êxtases são possíveis até o anoitecer. A vigilância mantém a receptividade para a sutileza. Não há adoração verdadeira sem vigilância. O guerreiro precisa refinar sua percepção e não se iludir com os grandes feitos superficiais nem com as recordações de fracassos. Ao direcionar-se para o infinito, precisa estar aberto para ser infinito. A ação e a oração têm o alcance da consciência e do que predomina no coração.

Era hábito comum entre os guerreiros erigir um pequeno altar, esculpir em madeira ou argila uma imagem representativa de algum aspecto de seu Deus e Senhor, deuses ou santos, para então adorá-lo. Conta-se, no *Mahabharata,* que Shiva, um dos deuses da tríade hindu, se disfarça de caçador e testa o devoto guerreiro Arjuna, após a *puja.* Arjuna desconhecendo ser Shiva o próprio caçador, disputa com ele a caça de um javali e diante de suas ameaças, invoca a proteção do Senhor Shiva. Tão intensa e justa foi a invocação que Shiva se revela a Arjuna, nos trajes do caçador e deixou que ele visse ornado em seu pescoço a guirlanda de flores colocada no altar, demonstrando que havia recebido a sua oferenda.

A PURIFICAÇÃO

Não consintas que eu obrigue o meu espírito débil
a uma preparação imperfeita em teu louvor.
Tagore

Um ritual, semelhante à ablução preconizada por algumas religiões, para limpeza do corpo e da mente, sempre antecede as lutas intensas, quer sejam internas ou externas. O próprio treinamento marcial é uma espécie de *Missogi* – como acreditava o fundador do *Aikidô*, relacionando-o à fé xintoísta – como exercícios de purificação do corpo, do ambiente e do espírito. Os movimentos e a respiração libertam o corpo de suas toxinas e liberam a mente de seus condicionamentos e tensões emocionais (Bull, 1994).

A purificação estende-se também ao *dojô*, aos instrumentos de batalha e à vestimenta. O cuidado com sua vestimenta, quer pela qualidade, quer pela simplicidade e precisão, denotam a natureza da alma do usuário. Um guerreiro não necessita de muitos acessórios. Não faz diferença se está nu ou vestido, e se porta escudo, armas e insígnias. A envergadura de sua alma o defende, e sua acuidade mental e controle físico são os instrumentos que mais necessita.

Nos ritos religiosos, nas artes marciais, nas práticas do yoga, nos encontros amorosos, a purificação, além de um ato de respeito e reverência, é também um preparo para tornar-se receptivo. O jejum do alimento, do pensamento, ou da palavra, as orações e os mantras, a meditação, a visualização, os cantos, os banhos, o despojamento de objetos pessoais, a arrumação, a limpeza, a organização etc. são diferentes formas de purificação. A mente e o coração estão relacionados. O guerreiro livra-se das impurezas no campo mental, inicialmente, deixando vir à superfície da consciência os conteúdos reprimidos sem julgá-los, e depois, observando o movimento do próprio coração.

Pensamentos inoportunos podem surgir como agentes autônomos a conquistar o território cobiçado pela persistência com que forçam audiência. Imediatamente evocam na memória semelhantes teias e, enredado em recordações, o coração muda de estado. É preciso lucidez e força de vontade para soerguer-se nessa hora. O coração, vitimado pela ilusão de seu drama particular, não crê na possibilidade de experimentar outro estado tão rapidamente. O coração cede. É tempo de mergulhar fundo para descobrir em que se agarram tais sugestões mentais e de purificar-se do opróbrio após o retorno de suas aventuras.

Medos, vergonhas e culpas ocupam o coração e a mente, impedindo-os de experimentar o aqui e agora, e a presença curativa da própria essência. Estar presente, assumir sua presença é o único modo de banir os intrusos de sua propriedade biopsicoespiritual. Com a mente calma, o coração é sentido e o amor torna-se uma experiência real. O tempo presente revela-se como espaço no significado da intenção da vida. O momento presente é o suficiente para mudanças futuras, é o tempo de semear milagres. Quanto mais consciente for o guerreiro sobre o significado da ação que empreende, mais eficaz será o resultado. A mente no presente favorece essa consciência purificadora, promove sensações de paz e harmonia e ainda evita o desenvolvimento de doenças psicossomáticas e somatizações conversivas, onde há queixa de sintomas físicos sem alteração orgânica. Um soldado em conflito com o medo do combate e a vergonha da culpa, como exemplifica Ballone (2002), pode sofrer alguma limitação neuromuscular aparente. Um problema físico pode evidenciar-se como estratégia inconsciente, isentando-o de se sentir covarde e de ter que lutar.

A aceitação honesta de si mesmo é um excelente exercício de purificação e impede a utilização indevida do corpo físico como redenção de nossos medos e culpas em práticas defensivas e automutiladoras.

DESPERTANDO O GUERREIRO ADORMECIDO

Cada um de nós é um herói.
Isso é um dote.
Temos um chamamento para a aventura.
Campbell

Paga-se mal a um mestre
quando se continua sempre a ser apenas o aluno.
Nietzsche

Todo guerreiro precisa de um ideal ou alguém, algo externo que o desperte internamente, que revele o sentido de sua existência. Tal ideal não pode ser aquele que ilude, forjando a realidade e negando o imperfeito, mas aquele que se alimenta da esperança, compromete-se com o dever compatível com a sua natureza e pode suportar o peso da verdade. Talvez um belo ideal seja romper com o ideal, afinal o que é ideal? Há sempre o risco do ideal subverter a realidade e conduzir ao fracasso por sua inacessibilidade. O guerreiro precisa de metas e sonhos como motivação, mas precisa conhecer a realidade para agir assertivamente.

Por vezes, o guerreiro protege-se com o escudo de ultrapassadas defesas, ou se sente aprisionado por condicionamentos e conceitos sobre si mesmo que o deixam limitado e impotente dentro de uma redoma inexistente ou provisória e tênue, como um ovo. O ovo pode simbolizar a consciência, e tanto pode ser um escudo protetor quanto se tornar uma armadilha para o potencial do guerreiro. O guerreiro necessita ampliar as fronteiras de sua consciência ou quebrar o escudo que o mantêm confinado; precisa perceber-se também do lado de fora; precisa acreditar em si mesmo, completar a metamorfose e continuar seu caminho. Depois que a transformação ocorre, o ovo, como vaso alquímico, perde a utilidade.

Condicionamentos inibem a percepção da realidade e conceitos generalizados servem de proteção para inseguranças e desejos, por meio de frases e ditados que realmente existem, mas não explicam as exceções. Por vezes, o guerreiro quer a exceção, mas não assume o risco. A força da generalização que antes o protegia, agora aprisiona. Especificar implica em se responsabilizar e, ao mesmo tempo em que se posiciona, também se revela e assume.

A rebeldia da juventude pode ser o primeiro despertar do guerreiro. Todo processo de mudança implica em rebelar-se contra antigos padrões. É preciso muita força e coragem para romper valores impostos, superar limites, admitir perdas e frustrações, reconhecer que há muito a fazer, entender que o mundo inteiro não está aí só para servi-lo, e aceitar a enormidade de coisas que fogem ao seu controle.

A impetuosidade do adolescente, se direcionada construtivamente, pode transformar o meio para melhor. O jovem com bons exemplos, imagens positivas, esperança e símbolos[7] que tenham significado para ele, que o incluam e que sejam próximos de sua realidade sente-se motivado e pode comprometer-se em defesa desses ideais, pois serão esses mesmos ideais que estarão inspirando sua vontade e criatividade. O jovem compromete-se com o novo e jamais em manter presente um passado insatisfatório. Quer renovar, quer ser diferente daquilo que contesta. Porém, se não compreender o significado de sua contestação, acabará por repetir aquilo que rejeita ou por destruir aquilo ao qual não se sente parte. A tendência natural do jovem é abolir todo o passado, porque ainda não compreende a inter-relação do tempo. Porém é exatamente essa tendência que o faz questionar e ousar, saindo da confortável prisão dos queixumes e tradicionalismos, ou de sentenças estreitas como estas: *sempre foi assim, não tem outro jeito, ninguém conseguiu, não posso, o que os outros vão pensar* etc.

O frescor da juventude lubrifica as engrenagens do agir humano. A natureza apela ao jovem. Sua continuidade depende dele. A natureza o acolhe enquanto ele se desenvolve. Depois promove o desconforto de não caber mais no ninho, para que deseje explorar novos horizontes. Esse

[7] - "Salve lindo pendão da esperança! Salve símbolo augusto da paz! Tua nobre presença à lembrança a grandeza da Pátria nos traz. Recebe o afeto que se encerra em nosso peito juvenil, querido símbolo da terra, da amada terra do Brasil!"
– *Estrofes do Hino à Bandeira Nacional, de* Olavo Bilac.

é um momento de dor, de medo, rupturas e novas possibilidades e a partir dele o jovem começa sua própria história. A filosofia poética de Tagore (1991:35) traduz esses sentimentos:

> *Vinde, guerreiros com as bandeiras, e vós também, cantores com as canções marciais! Vinde, peregrinos, e marchai depressa, porque a trombeta jaz no chão, esperando por nós! (...) Dormir não é mais para mim; o meu caminho passa entre chuvas de flechas. Alguns sairão correndo de suas casas e caminharão ao meu lado, outros ficarão chorando, e outros ainda se agitarão em seus leitos, gemendo com terríveis pesadelos, porque nesta noite se ouvirá a tua trombeta.*

A capacidade de se INDIGNAR com as injustiças, hoje considerada como sinalizador de inteligência, é imprescindível no guerreiro, porém quando desprovida de ação é de pouco valor. Um guerreiro se faz na revolta, por ser capaz de sentir em si mesmo a dor dos ultrajados. Nasce nele a percepção da unidade. Quando é capaz de sentir a injustiça imposta aos seus, tem ímpetos de resolver a todo custo. Quer agir. Seus nervos e músculos clamam por sua "espada". E ele, quando ainda é imaturo, age impensadamente.

Pensa-se, erroneamente, que o guerreiro ou é um mantenedor da ordem ou seu perigoso transgressor. Contudo, a que ordem se referem? E a qual TRANSGRESSÃO? Por vezes, o guerreiro precisa transgredir uma ordem arbitrária, corrompida, ultrapassada, destituída de valor, para reaver a harmonia, a liberdade e a virtude. Não se trata de apologia à desordem, mas a constatação de que a toda transformação precede um período de caos. Todo sistema aprisionado, estagnado, tende a desaparecer, a ser subjugado. Para se revitalizar, uma pequena parte do sistema se insurge contra o *establishment*, mesmo diante do temor e insatisfação da grande maioria, porque também apenas uma minoria efetivamente lucra com a manutenção do sistema. O conflito acaba sendo entre minorias, uma que oprime e outra que desafia a opressão, porque a maioria se omite. Ainda não reconhecem a própria força. Preferem viver à margem, transferindo convenientemente sua responsabilidade, sem conseguir apoiar de modo eficaz aqueles que os defendem. A expectativa desse apoio gera frustração no guerreiro. O apoio estaria vinculado à certeza, que não há. E diante dos desafios, sob a desculpa da prudência, muitos se esquivam. E a vida continua tal e qual. O guerreiro precisa administrar a solidão e não criar expectativas que condicionem seu agir.

Heróis são transgressores, revolucionários, porque transcendem seu tempo, rompem com padrões inúteis e apegos cegos às velhas crenças, conceitos e idéias. Recusam-se a ser conivente com a mesmice de seu tempo. Para Campbell (2002:28), reconhecido mundialmente por seu estudo dos mitos, "o herói é o homem ou mulher que conseguiu vencer suas limitações históricas pessoais e locais e alcançou formas normalmente válidas, humanas". Não necessita de poderes sobrenaturais para superar-se e ultrapassar obstáculos. Transpõe as muralhas moralistas rumo ao universal, e essa transgressão é sua maior ameaça, como também a salvação de que se faz portador.

A ética pode, quando necessário, confrontar a moral e também pode mostrar-se ambígua. Nietzsche, em sua obra *Para Além do Bem e do Mal*, questiona a moral e afirma "não existem fenômenos morais, apenas uma interpretação moral dos fenômenos...". A visão do guerreiro precisa transcender as densas muralhas da moral, ainda que seja conveniente defendê-la para manter a ordem.

O herói, por sua transgressão, ousadia e escolhas, pode pagar com a vida a coroa póstuma de seu reconhecimento. Não deve esperar compreensão quando a conveniência dos padrões anula a expressão do ser.

> *A vingança predileta dos espíritos tacanhos são o julgamento e a condenação morais para com os que são menos tacanhos, além de uma espécie de indenização por terem sido maldotados pela natureza, e finalmente uma oportunidade de eles próprios obterem espírito e tornarem-se finos. Eis que até a maldade espiritualiza. Bem no íntimo dos sentimentos agrada-lhes que exista um padrão que ponha ao seu nível os abundantemente dotados de bens e privilégios do espírito (Nietzsche, 2002:139).*

No processo de individuação (ver glossário), o contato com o sagrado resulta de transgressões a um ordenamento arcaico e alheio. A expressão genuína da natureza verdadeira pulsiona, abrindo espaço para ser inteiramente e ser interinamente. A transgressão sábia restitui o poder a quem deve exercê-lo, legitimando a ação e promovendo a transformação na sucessão dos fatos. Os ícones da humanidade na religião, na arte, na ciência, na filosofia, na política ou em outras áreas de atuação foram transgressores. Cristo, Rama, São Francisco de Assis, Joana D'arc, Galileu Galilei, Krishnamurti, entre tantos outros, transgrediram o que era corrompido, inútil, cego ou equivocado, para preservarem os vislumbres da verdade, ensejando conquistas futuras; transcenderam o tempo em que viveram.

Joana D'arc (1412-1431) foi a camponesa heroína que alterou o rumo da Guerra dos Cem Anos, contribuindo para a sagração de Carlos VII e despertando um sentimento de patriotismo, que favoreceu para a libertação da França do jugo inglês. Joana D'arc indignou-se e se rebelou, transgredindo a situação política da época e o restrito papel da mulher na sociedade, para seguir a voz de Deus, por sentir que esse era o seu destino, sua missão. Depois de ferida e capturada pelos ingleses, foi acusada de heresia e bruxaria por um tribunal católico, sem contar com a esperada intervenção do rei Carlos VII. A santa guerreira enfrentou a condenação ao martírio na fogueira aos 19 anos com a mesma bravura e fé com que lutava nas frentes de batalha, liderando homens. Teve seu processo revisto pela igreja vinte e três anos depois de sua execução e foi canonizada em 1920 pelo Papa, após quatrocentos e cinqüenta anos da conclusão de que seu processo não fora justo.

O astrônomo italiano Galileu (1564-1642) ousou contestar as idéias de Aristóteles e a mesma igreja que o condenou ao exílio e execrou sua obra o absolveu, 341 anos depois. A humanidade esforça-se em encobrir a verdade, em execrar os que ousam expô-la abertamente, para manter-se na conformidade de sua aparente soberania na pequena porção de terra que habita. O guerreiro da verdade não anda na direção da massa e absorve o ônus de confrontá-la para defendê-la.

Um guerreiro apoia outro, estabelece PARCERIAS. Seu trabalho é em conjunto, embora sua atitude seja solitária. Um objetivo é partilhado por todos, e os justos objetivos pessoais podem agregar-se ao invés de se excluírem ou inviabilizarem o objetivo comum. Quando liderado, um guerreiro não define a direção de seus esforços, ele segue fielmente a direção de seu superior. Talvez até ele precise, como o criador em Zaratustra (Nietzsche, 1999), quebrar suas tábuas de valores e desgarrar muitos do rebanho, para isso ele conta com companheiros vivos que o sigam porque querem seguir a si próprios.

Quando não é possível receber diretamente as instruções, aperfeiçoa a intuição, a comunicação e os conhecimentos, para comungar com a vontade e os ideais daquele a quem serve e estar em sintonia com seus parceiros. O significado da vontade do Senhor pode residir no fato de preservar valores e virtudes essenciais, que sem o conflito poderiam ser esquecidos ou enfraquecidos. O Senhor põe um desleal entre os seus fiéis para potencializar a lealdade naqueles que são seus.

O ato de servir amplia a consciência do guerreiro e fortalece-o nas renúncias, sem limitá-lo ou condicioná-lo a ser igual a quem o lidera. O guerreiro precisa manter sua singularidade. Seu vigor depende de sua autonomia e originalidade, possibilitados por sua criatividade, o que resulta em saúde, satisfação e bom desempenho. Sendo, como se diz, "a criatividade um recurso mais fecundo para derrotar os inimigos atávicos do homem: a fome, o cansaço, a ignorância, o medo paralizante, a feiúra, a solidão, a dor e a morte". Cada um é necessário e valoroso em sua especificidade. Sábio o líder que reconhece a natureza de seus companheiros, empregando-a de modo coerente no cumprimento das ordens necessárias. Otimizando e compatibilizando a natureza individual e a necessidade coletiva, um poder flui facilmente e todos podem alcançar o sucesso em suas responsabilidades. Juntas, elas tornam-se invencíveis, como gotas de chuva em uma enxurrada. Liderar implica em reconhecer companheiros genuínos e formar, pacientemente, parceiros hábeis. Bons líderes são bons condutores e promotores de mudanças necessárias; conseguem motivar e despertar a confiança de seu grupo. Mudanças voluntárias requerem iniciativa e liderança e mudanças involuntárias exigem adaptação, rapidez de raciocínio, senso de oportunidade, decisão e solução.

Servir à sociedade é a base da liderança com justiça; um ponto de equilíbrio entre a parcialidade humana inconsciente ou bem-intencionada e a imparcialidade utópica.

De acordo com o texto de Sun Wu, o militarista, sobre a *Arte da Guerra* (Sun Tzu, 2001b), uma liderança eficiente associa a formação de uma integridade organizacional objetiva e subjetiva, formando um elo emocional para que os soldados queiram ser obedientes e penalidades adequadas para que se mantenham obedientes. A COERÊNCIA fundamenta a liderança e mantém a confiança, a ordem e o entusiasmo de seus subordinados.Vínculo emocional sem punição e limites torna-se desordem e falta de direção, demonstrando fraqueza. Penalidades arbitrárias ou punição sem afetividade gera revolta, desunião e traição, evidenciando inabilidade e arrogância de quem lidera. Os que forem subordinados a tais líderes serão os primeiros a se corromper e a cair na estratégia de divisão de forças intentada pelo inimigo. A atitude de um líder pode ser o diluente para um caráter duvidoso ou pode ser o incentivo para a mente predisposta a condutas desviantes.

Segundo Bobbio (2004; 715) "líder e liderados se encontram numa relação de influência recíproca", e a qualidade dessa relação legitima a liderança e confere à pessoa do líder autoridade, independente de oficialização.

A homogeneização nos treinamentos visa formar um exército, uma identidade, uma pertença, que não pode ser rígida para não se tornar frágil. Um exército de soldados com as mesmas qualidades é fadado ao fracasso. A diferença aprimora e pode ser o detalhe vital que definirá a sobrevivência ou a morte. A massificação exacerbada durante treinamentos militares pode abafar a singularidade que conduziria o guerreiro à supremacia de alguma habilidade útil à corporação.

O treinamento de um guerreiro é longo, árduo, constante, verdadeiro e auto-seletivo. Quase uma vida para segundos de batalha. Pode-se pensar no próprio treinamento como a primeira grande batalha ou, até mesmo, a única. Guerreiros possuem temores nos estágios iniciais, quando aspiram ser realmente guerreiros. Temem não estar à altura do treinamento. Temem o momento da batalha e a sorte. Temem por seus familiares. Temem a dor e a morte. Temem a ignorância e a desonra. Grande parte de seus temores conhecidos desaparece quando se tornam guerreiros, ou quando se aceitam como guerreiros e desistem de mascarar sua natureza.

Um guerreiro não nega seus medos com o intuito de vencê-los. Sabe que instintivamente o medo é uma proteção, e prepara-o para lutar ou fugir conforme as circunstâncias. Mas o medo infundado, desproporcional ou sem objeto que o justifique denota aspectos emocionais que necessitam ser superados. A esses aspectos o guerreiro reconhece, vigia e procura subjugá-los, com a força da sabedoria unificada, visando transcender. Como um bom estrategista, posta-se NO CUME DA MONTANHA para observar a movimentação de seus exércitos internos. Como no mito de Gilgamesh[8] em que a montanha surge em um sonho como símbolo de uma consciência superior, de uma visão mais ampla da realidade. "A montanha então é o símbolo da consciência que se eleva como as águas do sedimento inconsciente. Mas a montanha é também símbolo de uma ascensão... para um estado superior de consciência" (Kluger, 1999:109).

A montanha clama ao adormecido ser para que se eleve à estatura de sua divina origem. Arrebatado aos píncaros do Ser, o guerreiro distribui sobre a Terra sua felicidade e gratidão. E quais são suas conquistas? O direito a sentar-se no topo solitário das visões e das promessas? Ali sentado, no silêncio das escolhas, o guerreiro vê que é feito dos mesmos grãozinhos de areia daqueles que se encontram no sopé da montanha, imaginando-se pequenos e rasteiros, e a sua paz circunscreve a doçura de um convite silencioso para os que souberem ouvir. Aqueles que sobem montanhas quebram recordes anônimos no mudo compasso de suas passadas e de seu fôlego, e quando descem para o convívio, são capazes de reavaliar os revezes da vida. Sua força e compreensão fazem com que as dificuldades também pareçam grãos de areia, que lhes abrem passagem pela própria impressão que causam.

---

[8] - *O mito de Gilgamesh teve origem na Babilônia*

Um líder guerreiro precisa manter constantemente a visão do topo da montanha e do amplo horizonte que somente ali é possível vislumbrar. Esse é seu lugar de repouso e o local onde traça metas e estratégias. O guerreiro, ao buscar a profundidade ou as alturas, rompe os condicionamentos e limpa o espelho baço da realidade e pode perceber o óbvio, compreender o que sempre esteve diante de seus olhos.

"Na encosta da montanha ao sol, o rei está em casa, sua guerra acabou". Nestes versos do *Ramayana*, pode-se ver a importância do regresso, de ocupar seu elevado posto e de iluminar-se pela sabedoria da ampla visão do espírito. A batalha se dá no meio ou na base da montanha, onde a visão é limitada, jamais no topo. Em sua epopéia, Alexandre, o Grande (Stahel, 2000), sentiu-se zombado por um rochedo no interior da Pérsia, ou por alguém que nele estivesse. Descobriu que Arimazés estava refugiado em uma gruta naquele rochedo, contando com um acampamento de mais de trinta mil soldados e desafiando o exército macedônio. Alexandre enviou um mensageiro propondo a rendição dos bárbaros. Arimazés debochou da petulância de Alexandre indagando se suas tropas tinham asas. Alexandre então reuniu jovens montanheses, hábeis em escaladas e em conduzir rebanhos por escarpas e despenhadeiros, e traçou um plano. Os jovens pastores contornaram e escalaram a montanha e se postaram no topo, acima do local onde as tropas de Arimazés se encontravam. Depois que todos estavam a postos, novamente o mensageiro foi até Arimazés propor um acordo. Desta vez, o mensageiro recomendou que Arimazés olhasse para cima, e visse se os soldados de fato tinham asas. Surpreendido em suas percepções sobre o inimigo, Arimazés ficou pasmo ao ver a movimentação nos elevados e quase inacessíveis rochedos. Confundido pelo medo, teve a sensação de que havia mais soldados do que na realidade e rendeu-se imediatamente.

Os que chegam ao topo subjetivo das montanhas mudam suas consciências e perspectivas e a paz predomina em seu agir. Legitimam seus dons e sua liderança por meio da ação e da inclusão de parceiros. Esse espaço subjetivo está vinculado ao topo do poder pessoal e não, necessariamente, hierárquico. A hierarquia pode aparentar, por meio do *status*, um poder não conquistado, distorcendo a percepção de si mesmo e da realidade, o que geralmente é utilizado para compensar fraquezas não resolvidas e abusar do poder. O excesso indica falta, e no complexo de superioridade as humilhações a terceiros visam confirmar uma suposta superioridade sobre aqueles a quem se sente ameaçado, escondendo um profundo sentimento de inferioridade. Submete aos outros o mesmo sentimento a que, inconscientemente, se sente submetido.

O leigo ou o guerreiro comum permanece misturado, sem saída, porque não consegue emergir do emaranhado das circunstâncias, dos condicionamentos e da ilusão sobre a realidade, mas o líder, ainda que seja apenas líder de si mesmo, ascende ao lugar de maior visão, pois é também o de maior possibilidade. Assim o guerreiro poderá ajudar-se e durar o tempo necessário para escrever sua história e beneficiar a história de tantas outras pessoas.

Uma visão ampla requer distanciamento e liberdade, e o pensador contemporâneo Ken Wilber (2001:239) esclarece:

> *Quando você é o Observador de pensamentos, você não está preso aos pensamentos; quando você é o Observador dos sentimentos, você não está preso aos sentimentos. No lugar do seu eu contraído, existe apenas uma grande sensação de Abertura e Liberação. Como objeto, você é prisioneiro; como Observador, você é Livre.*

Observando-se, o guerreiro saberá os traços de seu caráter e de seu temperamento. Sun Tzu (2001), o lendário autor do clássico *A Arte da Guerra*, que viveu no período dos Estados Guerreiros na China, alerta sobre as qualidades negativas no caráter de um líder guerreiro, que em excesso podem prejudicá-lo: ousadia (pode levá-lo à imprudência), covardia (pela hesitação poderá perder a oportunidade), exaltação (pela impulsividade parecerá desequilibrado e sem razão), sensibilidade (poderá sentir-se ofendido e preocupar-se unicamente com sua reputação, descuidando-se do resto), natureza misericordiosa (o sofrimento pelas baixas decorrentes da batalha poderá fragilizá-lo a ponto de não ser capaz de defender os sobreviventes). Na epopéia hindu, *Mahabharata* (*apud* Zimmer, 1986), há lições sobre liderança que ressaltam o equilíbrio entre as polaridades, nunca o extremo de uma virtude, como: o excesso de brandura, gera desprezo e ambas as classes de sabedoria são necessárias: a direita e a tortuosa.

Para ser guerreiro é necessário saber posicionar-se tanto no campo de batalha quanto nas relações interpessoais, não se pode ficar "em cima do muro" ou ser melífluo a título de parecer imparcial. À exceção da observação estratégica, tal atitude é covarde e interesseira. Deseja-se ganhar de ambos os lados. A covardia tira o valor, supostamente ganho, através de um ato covarde. Um covarde em posição de comando é um desastre para todos. Quando em posição desfavorável, facilmente se candidatará à traição e espionagem. Um covarde nunca é confiável. Sua visão é estreita. Embora não seja incomum a presença de um covarde, ele nunca se assume como tal, e, normalmente, disfarça-se nos chavões politicamente corretos.

Além do mais, Maquiavel enfatiza como os que seguem essa linha da neutralidade podem ser malsucedidos:

> *"Quem vence não deseja amigos suspeitos, os quais não dêem ajuda nas adversidades; quem perde não te irá aceitar, pois que não quiseste, de armas na mão, correr o mesmo risco". "E sempre sucederá que quem não é teu amigo irá pedir-te que sejas neutro, e quem o é pedirá que tomes de armas abertamente. E os príncipes indecisos, a fim de se apartar desses riscos, seguem, na maioria das vezes, a linha da neutralidade, e quase sempre são malsucedidos". (1999:132/133)*

A manipulação ostensiva, ou a sutil, também podem ser vistas como formas de covardia. O covarde manipula para se proteger e garantir seus interesses; esquiva-se das emoções e se relaciona com os outros como objetos. Manipuladores escondem sua vulnerabilidade mobilizando a fragilidade alheia; desconhecem o valor da reciprocidade e visam unicamente a confirmação de seu próprio valor, pelo afeto dos incautos que os admiram ou dos interesseiros que os bajulam. A manipulação, quer seja no âmbito familiar, social ou profissional, tem os mesmos sórdidos instrumentos, tais como, silêncio hostil, não-ditos, palavras aparentemente inofensivas, respostas indiretas com evasivas ou ataques, subentendidos, contradições, mudanças de assunto, frases incompletas, alusões malévolas, mentiras, humilhações, desqualificação, ameaças, sugestões com transferência de responsabilidade e intencionalidade camuflada, sedução, rejeição afetiva, isolamento, esperança de mudar, indução ao erro, insinuação de dúvida, exigências excessivas, recusa do "não", evitar o conflito direto e fazer-se de vítima para desestabilizar, confundir, inferiorizar e provocar o sentimento de compaixão ou culpa (Hirigoyen, 2001). É uma espécie de abuso de poder e abuso narcísico, para fins egoístas, em que qualquer deficiência do manipulador fica protegida pelo sentimento de superioridade que a manipulação o faz sentir. Como essa superioridade é falsa, o manipulador continua sua estratégia, para esconder de si mesmo e dos outros aquilo que não consegue mudar. Esse efeito neurótico é semelhante à tolerância no caso das drogas, necessita-se sempre uma dose a mais.

Toda pessoa autêntica e entusiasmada exerce seu poder de influenciar, para que muitos ganhem, não necessita de recursos artificiais como a manipulação. A pessoa autêntica não precisa temer ou negar sua fragilidade, embora não seja conveniente expô-la publicamente. Por ser verdadeira, a influência exercida por alguém torna-se parte integrante daquele que a recebe; a manipulação, ao contrário, tem efeitos temporários. A influência acrescenta e emancipa, gerando a contrapartida do amor e da gratidão, a manipulação usurpa e aprisiona, produzindo desprezo, rejeição e desejo de vingança.

A AUTENTICIDADE de um guerreiro pode ser percebida na energia que mobiliza para concretização de um objetivo comum. Mentes superficiais e perversas utilizam os nobres ideais guerreiros para objetivos, exclusivamente, pessoais e mesquinhos. Porém, isso também pode ser percebido pelas mensagens contraditórias que inconscientemente emanam por meio da voz, do olhar e da simples presença. O corpo reage instantaneamente a essas contradições. Autenticidade requer solitude e liberdade da dominação alheia e do império de si mesmo, suas culpas, medos e proibições.

Um guerreiro impulsivo tem vida curta e pode arrasar aqueles a quem serve ou comanda. Diferente do covarde, se apressa em agir e não avalia as condições. A indefinição ou indecisão deve ser momentânea, frutos apenas de uma reflexão estratégica. Lin Yutang (1945), dos aforismos de Confúcio, conta que o Barão Wen Chi dizia que ele sempre pensava três vezes antes de agir. Quando Confúcio viu isso, observou – "Pensar duas vezes já é o bastante". Um bom líder, nos comentários de Chia Lin sobre a Arte da Guerra "valoriza alterações oportunas das circunstâncias" (*In* Sun Tzu, 2001:76).

É o espírito guerreiro que faz com que um indivíduo seja capaz de desculpar-se por ferir-se, colocando seus companheiros em risco, pelo fato de haver hesitado. É com esse mesmo espírito que se pode perdoar a si mesmo, por ter arriscado a integridade física em acidentes ou somatizações. Mas algumas pessoas, assim como alguns guerreiros, não se sentem preparadas para, ao sobreviver, enfrentar as recordações pós-guerra, a morte dos companheiros, as cicatrizes emocionais e as lesões orgânicas, se é que há preparo para isso. Medo e culpa permeiam os pensamentos e sentimentos como invencíveis fantasmas. É o recomeço da batalha ou o fim do guerreiro.

Líderes guerreiros, justos e naturalmente generosos, precisam estar atentos à manipulação direta ou indireta, advinda daqueles que ambicionam diminuir-lhes a força e a autoridade, tornando-os complacentes. O recurso utilizado é, por vezes, deixar de reconhecer as reais qualidades do líder, sugerindo que este seja autoritário, egoísta, nervoso, injusto. Se o líder desconhecer o que realmente é, e se preocupar em demasia com o que pensam sobre ele, estará fadado ao insucesso toda vez que tentar provar o contrário das acusações que recaem sobre si. O generoso, para provar que não é egoísta, torna-se mais generoso ainda; porém tal generosidade é descabida e injusta. Acarretará mais prejuízos do que preservará sua imagem de líder. Um líder assim jamais será respeitado.

Todo aquele que teme dizer "não" está diante de sua própria fraqueza, revestida da virtude de ser bom. Bom é ser adequado, justo e livre. Quem teme o "não" é escravo. Quem teme parecer o que não é também não é livre. Somente pessoas livres são efetivamente justas e imparciais. Aqueles que temem a crítica, a rejeição e o abandono, submetem-se sem lutar e submetem a outros um sofrimento desnecessário, ainda que aparentemente apreciado. Fracos e covardes quando ferem, o fazem injustamente e sabem, como ninguém, manter uma ferida sempre aberta, porque sua frágil imagem se alimenta do sangue que se esvai daqueles a que supostamente preservam. Sua insegurança excessiva dificulta estabelecer um vínculo de confiança. Os fortes e íntegros quando ferem, o fazem para libertar, não se preocupam com o julgamento alheio; seus vínculos sustentam-se em outros valores.

Um líder guerreiro, segundo Sun Tzu (2001), precisa demonstrar os atributos de sabedoria, sinceridade, humanidade, coragem e exigência. Na escritura hindu, o *Bhagavad-gita*, também são enfatizadas a paciência, a bondade, a coragem, o entusiasmo, a lealdade, o valor e a liderança. Quanto à CORAGEM, o Tao (Lao-Tsé, 1983) alerta sobre os seus dois tipos, sendo uma benéfica e outra maléfica. Uma é harmônica, prudente e não-invasiva, a outra é intempestiva, obstinada e invasiva. Na condução de guerreiros tais atributos são essenciais para gerar confiança naqueles que o seguem. Para guerreiros livres, a CONFIANÇA é condição essencial para a OBEDIÊNCIA. Para guerreiros circunstanciais apenas o respeito à hierarquia e o medo da punição sustentam a obediência. Entretanto, a obediência sem confiança não se sustenta em situações de crise. Estes versos de Omar Khayyam (*apud* Yogananda, 1998:150) podem bem simbolizar o supremo conhecimento do *Self* ou *Si-mesmo* e a obediência do ego, ou a obediência a um líder:

> *A bola não pergunta se é sim ou se é não, mas à direita e à esquerda vai por onde cabe conforme o Jogador jogar. Quem te lançou neste campo é que sabe o porquê. Ele sabe!*

Pensamos que o Senhor talvez queira um determinado resultado, quando o que ele quer é apenas manter acesa a chama de tais sentimentos. Permitindo a injustiça ele desperta a coragem e faz heróis. O Gita declara:

> *Ó Arjuna! Toda vez que a virtude (dharma) declina e o vício (adharma) predomina, Eu encarno como um Avatar (encarnação de Deus). De séculos em séculos Eu apareço em forma visível para destruir o mal, proteger os virtuosos e restabelecer a virtude (Bhagavad Gita IV: 7-8).*

Quando o guerreiro está preparado, termina o treinamento e a batalha. Diferente do que se pensa, a batalha real não começa após o treinamento, sendo também o próprio treinamento. Por vezes, ele é abatido antes de estar pronto, mas nem por isso menos satisfeito.

A motivação para a luta e para o poder transita entre a necessidade de transformação, a busca de desenvolvimento, a auto-afirmação e a vontade de dominar. Mesmo os que não têm espírito de liderança podem ambicionar inverter a hierarquia estabelecida, além de tentar exercer domínio e controle indiretos sobre sua liderança. Nietzsche, em *Para Além do Bem e do Mal*, destaca as diferentes morais de nobres ou senhores e rebanhos ou escravos. Senhores buscam ir além, procuram ser mais fortes, comandam e criam valores, enquanto rebanhos querem apenas se conservar e obedecer. Por essa razão não há rebanho de senhores. E como vemos em *Zaratustra*, o senhor absorve o fardo de dar ordens e tem de ser a um só tempo juiz, vingador e vítima de suas próprias leis.

O significado da luta para o guerreiro é o diferencial em sua trajetória. Se lutar para aprender, utilizará a agressividade de maneira criativa, construirá ao longo do caminho, superará conflitos, pois está em busca de harmonia; sentirá que o adversário o complementa e fortalece, e trabalhará para o benefício comum, preservando a vida e semeando o amor altruísta, durante toda caminhada, e manterá o ânimo mesmo nas situações mais difíceis.

No romance indianista *Ubirajara*, José de Alencar conta a lenda tupi, em que o jovem caçador Jaguarê, da tribo dos araguaias, sai em busca de atos heróicos para tornar-se guerreiro e desposar a bela Jandira. Para isso, ele desafiou o maior guerreiro da tribo tocantins, Pojucã. Jaguarê, depois de vencê-lo, conduziu o inimigo à tribo araguaia onde uma festa o esperava, para que o povo visse a força e o valor do inimigo e ouvisse de seus lábios a proeza de seus feitos. Ao mostrar a grandeza do adversário, Jaguarê demonstrava também seu próprio e indiscutível valor. Brandindo a arma que o levou a vitória, Jaguarê se autodenominou "Ubirajara, o senhor da lança que venceu o primeiro guerreiro dos guerreiros de Tupã, o guerreiro terrível que tem por arma uma serpente". José de Alencar ressalta alguns preceitos guerreiros, como honra, hospitalidade, amor, sucessão, generosidade, coragem e a importância do nome, mesmo diante da troca feita por Ubirajara do amor de Jandira por Araci, irmã do prisioneiro Pojucã, e da disputa que tal fato ensejou. Quando as duas tribos combatiam entre si, a dos tocantins foi atacada pelos tapuias e assim as duas tribos, araguaias e tocantins se uniram contra um novo inimigo e, por fim, dessa união, surgiu a nação Ubirajara.

Se, ao invés de lutar para aprimorar-se, equilibrando competição e cooperação, o guerreiro desejar brigar para ganhar em detrimento de todos e com métodos injustos, utilizará a agressividade de maneira patológica, tornando-se um agente de destruição, provocando conflitos, pois está em busca de poder. Sua atitude é de permanente oposição ao adversário e visando somente seus próprios benefícios, seu egoísmo resultará em morte, injustiça e ódio (Taboada, 1995).

Por meio do movimento da luta o guerreiro busca a saída, a solução, a expressão de sentimentos e ideais; sabe que a fuga ou indecisão o levará à desonra, doença e morte; sabe que sua hostilidade alimentará o conflito e que subestimar o adversário é insensatez. O Tao ensina a vencer sem demonstrar hostilidade e sem aplicar o recurso da força, relembrando a unidade subjacente aos opostos complementares, tal qual guerreiro e adversário, cliente e sintoma, doença e cura, indivíduo e meio. "Vence sempre o que lamenta a hostilidade que entre eles existe" (Lao-Tsé, 1983:130).

Ao ser açoitado pela covardia alheia, sente, por um lado, vontade de lutar mais e, por outro, de desistir de defender este covarde que, em verdade, é mais um necessitado. É preciso muita coragem para ser justo. Os covardes são submissos ou autoritários dependendo da máscara que necessitam. Covardes podem usar a agressividade para esconder sua insegurança, a ameaça para despistar o medo, o esquecimento para camuflar as verdadeiras intenções, a burrice conveniente para se apropriar de planos e idéias, a concordância para lucrar com a exposição ou com o excesso do outro.

Tal covardia, mesquinharias e injustiças, visam tornar impuro o coração do guerreiro. Visam destruir a origem de sua grandeza, apagar o brilho de sua luz, diminuir-lhe a força, desviá-lo de seus objetivos, turvar-lhe a vista. Contudo, a vida se utiliza desses mesmos elementos para preservar a virtude através da revolta, como elementos necessários ao movimento. A revolta não torna o coração impuro, ela é necessária, o que macula é o modo como a utilizamos. A raiva torna revoltas as águas do coração, apenas isto. A natureza do coração permanece a mesma. Como no sentido inverso, um ególatra em momentos de calmaria, não se tornará puro.

Alguns, de tanto ultrajar, mentir e enganar sorrindo, provocam no guerreiro o desejo de perder a sua natural boa-fé. Se ele perder essa crença, a dúvida e o medo ocuparão o seu coração e se ele perder a pureza de seu coração, perderá a consciência da presença do Senhor; perderá a consciência da própria totalidade e não se perceberá íntegro. Na pureza não há distância, diferença nem conflito. A pureza espelha a verdade, e a verdade é. Se desenvolver a sagácia saberá manter-se flexivelmente puro.

> *É fácil adquirir poderes psíquicos, mas é verdadeiramente difícil obter pureza de coração. Alcançar a pureza de coração é conhecer a verdade real da Religião. (Vijoyananda, 1981:42)*

O conceito religioso de resignação não condiz com a determinação e o sentido de justiça da alma de um guerreiro. Se algo acontece, ele sente que precisa agir, ainda que seja mergulhar fundo em si mesmo para encontrar respostas, esclarecer dúvidas ou domar os demônios internos. Por vezes, a moderação e o equilíbrio precisam ser circunstancialmente rompidos. Em *Pensamentos e Meditações*, Gibran enfatiza: "No combate contra o demônio, o excesso é bom; pois aquele que é moderado ao apresentar a verdade está dizendo apenas meia verdade. Ele esconde a outra metade para protegê-la contra a indignação do povo".

A necessidade de romper temporariamente o equilíbrio, além de permitir a concentração da força em um ponto, favorece a percepção do equilíbrio individual. O equilíbrio só pode ser percebido quando se perde. E ele nada mais é que uma tênue linha divisória entre opostos. Ao contrário do que se pensa, o ponto de equilíbrio é o ponto de maior instabilidade. A diferença é que uns conseguem voltar facilmente, outros se demoram mais tempo.

Em ocasiões em que a dor e o desespero são tão grandes, o guerreiro clama por milagres. Nesse momento, nem questiona o seu merecimento, sabe que necessita. O que ele não sabe é que o Senhor não quer alardear seus feitos. Quer a sutileza própria das mentes altaneiras. A resposta virá, atraída por seu coração, porque "... Deus o desamparou para tentá-lo, para saber tudo o que havia no seu coração" (II Crônicas 32:31). Entre suas orações, podemos encontrar uma que traduza este sentimento: Senhor, desfaz tudo que não esteja à altura do que me proponho. Então, o guerreiro saberá o que fazer, se há o que fazer, e saberá o porquê; não vacilará. Só vacila quando não há estratégia ou quando não há certeza se é preciso lutar. E Ruy Barbosa lembra-nos que "os golpes de Deus, às vezes, como que procuram, no coração do homem, as feridas ainda abertas, para o fazer pensar no nosso nada, ou nos atrair para aquele que é tudo". Ao mesmo tempo em que uma ferida se abre, a vitalidade também se torna evidente.

Enquanto o guerreiro não conseguir ouvir a resposta do Senhor, pedirá insistentemente, até libertar o fluxo de suas emoções e de sua mente. Seu corpo está inquieto, a mente distraída, o coração pulsando entre a raiva e a tristeza. Mas o guerreiro sabe que há mais em si mesmo, sabe que são apenas estados e, por isso, passageiros. Um passar, que para ele se eterniza pelo fato de não estar tranqüilo, por existirem questões em aberto ou por não aceitar as emoções naturais, tidas como negativas. Algumas feridas só cicatrizam pelo toque redentor daquilo que lhes foi causa. Por vezes, a dor é o abraço da vida mais apertado, como as mães que antevêem as andanças de seus filhos e não desejam que eles sofram. Apertam-nos de tal forma contra o peito para protegê-los, que também os machucam.

O Senhor testa a lealdade do guerreiro nos momentos de fraqueza e de silêncio que por vezes lhe impõe. Esses períodos parecem improdutivos, negativos e sombrios. Removem tudo de seus habituais esconderijos caindo por terra sua rotina segura. Então o guerreiro vê-se nu novamente; sabe que não é simplesmente para mirar-se nesses refletores evolucionistas, isso é óbvio demais para ele. Ele quer mais, ambiciona entender e não repousará até encontrar a resposta. Sacudirá o cosmos se for preciso, incomodará seus companheiros, abalará as estruturas do templo até encontrar. O guerreiro sabe que de seu entendimento correto das circunstâncias, do ambiente e das intenções, depende o sucesso de sua estratégia e o sentido de sua vitória.

A dor do não entendimento assemelha-se à dor da desonra. Já que um julgamento precipitado pode colocar tudo a perder e a inação infundada pode ser uma vil covardia. É na força desse conflito que ele convence o Senhor a responder-lhe. O guerreiro sabe quando não está receptivo, mas nem por isso desiste. Reforça a certeza de que até este obstáculo pode ser superado, já que uma parte dele é intocada por qualquer acontecimento, sempre receptiva aos comandos superiores. Nisso reside o seu mérito, sua honra, sua paz e sua liberdade, repousando suave e gloriosa sobre si mesma.

AS INICIAÇÕES

Todas as coisas movem-se dentro de vós
em constante meio-aperto,
as desejadas e as receadas...
Como luzes e sombras
em pares estritamente unidos.
Gibran

Como a noite que traz escondida em suas sombras
uma ansiedade de luz...
Tagore

No caminho marcial, o guerreiro passa do nível da luta técnica (*Bujutsu*) para o nível intermediário do aprimoramento que abrange as disciplinas (*Budo*), e depois para o nível mais elevado (*Bushin*) que é o verdadeiro espírito marcial, a comunhão espiritual (Stevens, 1998). A expressão do Espírito Marcial é o mais belo legado da arte dos mestres guerreiros. A terra por onde andaram e os livros que contam suas aventuras ao longo dos séculos reproduzem na mente e no coração dos leitores o rastro luminoso de suas espadas, evocando sua bravura, determinação, conquista e a graça da iluminação. É esse Espírito Marcial que dá sentido à técnica, mantém a motivação nas disciplinas e consagra a arte guerreira.

Cada arte marcial tem um sistema próprio de avaliação configurado nos exames de faixa. Sendo competitivo ou não, qualquer sistema visa avaliar o desempenho técnico e a absorção das características respectivas ao conhecimento adquirido, dentro de uma abordagem de crescimento pessoal. As graduações correspondem aos elementos terra, água, madeira, metal e éter (vazio). Os *kyus* compreendem os estágios da terra, e os *dans* os estágios da água.

Análogo à ascensão da energia vital, *kundalini*, nos centros de consciência (*chakras*) ao longo da coluna vertebral e aos seus respectivos elementos (terra, água, fogo, ar e éter), conforme o sistema do Yoga, e baseado em minha experiência pessoal e clínica, poderia inferir que o guerreiro tem sete iniciações principais. A saber:

A PRIMEIRA GRANDE INICIAÇÃO do guerreiro como a indignação, o ferimento na alma, quando a consciência começa a ascender ao segundo chakra (svasdisthana), rompendo a inércia e a exclusiva noção de sobrevivência. Sentimentos aparentemente contraditórios, como amor e ódio, tornam-se motivadores. E em geral o ódio e a ira prevalecem como revolta justa. Utiliza a revolta.

A SEGUNDA como a aceitação da batalha e a utilização de sua força física. Inicia-se uma conscientização dos instintos, embora ainda imprecisa e vaga, de seu poder de vontade, da intencionalidade da vida e da representação de papéis. Utiliza a força física e as emoções.

A TERCEIRA como o desempenho da missão e a prova de lealdade. O dever, o papel que representa diante dele e a quem serve tornam-se definidos. Utiliza a força de vontade.

A QUARTA como a vitória sobre o inimigo interno, sua reintegração e a pureza do coração. O coração precisa estar disponível. A compaixão e o servir expressam-se naturalmente como extensão de si mesmo. Utiliza a força do amor e da conciliação.

A QUINTA como a influência sobre a coletividade. Utiliza a expressão e a razão.

A SEXTA como uma forma importante de transcendência e o retorno para ensinar. Suas lições não estão limitadas aos estreitos vínculos institucionais. Suas intenções estão em harmonia com o universo. Utiliza a intuição e as forças universais da Vida.

A SÉTIMA como o reconhecimento de sua própria totalidade além do papel de guerreiro, uma forma mais profunda de transcendência. As ações nesse nível não podem ser julgadas por critérios comuns. O Princípio criador do universo é a intenção que converge em atos, palavras e silêncio, como também se expressa em vida, desenvolvimento, manutenção, morte e ressurreição.

A cada etapa, o guerreiro tem tarefas específicas e nelas residem a possibilidade do herói. Cumprindo seu caminho e realizando o *dharma*, o guerreiro torna-se herói. As fases do processo heróico assemelham-se ao processo de individuação em que o Eu mergulha no inconsciente mesmo diante do perigo da regressão, desintegração e loucura; supera as duras provas a que é submetido, reintegra suas energias, antes ocultas, e se realiza como indivíduo. É como o retorno ao seio materno diante do risco de ser tragado por esse paraíso envolvente, entorpecedor e todo dadivoso, e renunciar ao sono da expectativa e da saciedade passiva, assumindo o desafio da busca, da conquista autônoma e da luta contra as pressões das forças arcaicas do inconsciente, entre elas o medo do incesto e os medos assimilados do inconsciente dos pais. Só assim o guerreiro emerge ressurrecto como herói de si mesmo.

A trajetória de Hércules (Herácles), o grande herói grego, descreve o desafio diante do poder feminino, seu mergulho no inconsciente, a demonstração precoce de sua força diante da ameaçadora intenção de Hera, a ciumenta esposa de seu pai e também sua mãe de criação que, por um ardil de Zeus, deu-lhe de mamar, e a vitória nos doze trabalhos a que foi submetido pelo rei de Micenas, que sempre o perseguiu. Hércules era filho de Zeus com uma mortal, Alcmena. Depois de realizar todos os trabalhos, Hércules caiu vítima das armadilhas do amor, após interessar-se por outra companheira. A esposa indignada não abriu mão do amor de seu marido e lançou sobre ele um feitiço que o despedaçava aos poucos, diante disso, Hércules construiu para si uma pira funerária e ao ser consumido pelas chamas crepitantes, seu pai o resgatou afirmando que nele só poderia morrer sua parte mortal, o que era imortal e divino não haveria como perecer. A imortalidade era a herança de seu pai, parte dessa herança também provinha do leite materno da deusa Hera que Hércules, ainda bebê, sorvera avidamente.

Campbell (2002) descreve três tipos de herói: o guerreiro, o transcendente e o criativo; e na aventura do herói um chamado pode ecoar de forma inusitada e inesperada, indicando que uma nova história começará a ser escrita. Um aparte, ou, na verdade, a significação do preâmbulo; um desejo pessoal inconsciente irrompendo ou uma necessidade coletiva que se faz ouvir. Sinais da vida que tantas vezes passam despercebidos.

Ao aceitar o chamado, o guerreiro recebe a bênção do infinito por meio de tutores, sábios, santos, amuletos, sonhos, visões e "acasos". "A bênção concedida ao fiel sempre segue a própria estatura deste, assim como a natureza do desejo que o domina: a bênção é tão-somente um símbolo de energia da vida adaptado às exigências de um caso específico" (Campbell, 2002:177). Os recursos de que o guerreiro carece surgem oportunamente. Sem que perceba, a aventura começa.

Que força é capaz de conter um "acaso"? Para contê-lo seria necessário antevê-lo, mas antever pressupõe conhecer a intencionalidade subjacente. No acaso ou não-acaso, algo escapa à consciência comum. Indícios de uma consciência maior, toda-abrangente.

O desconhecido aproxima-se e tudo que permaneceu oculto começa a se revelar. Tudo que o guerreiro evitava reaparece. É a hora do confronto com a sombra e da integração de opostos. É também a hora de assumir seus medos, suas virtudes e o sentido de sua vida. É o momento de renunciar ao conforto do que é familiar, conhecido, provável e seguro, para desvendar o oculto, o desconhecido, o possível. Sair da caverna das próprias ilusões, romper o casulo e libertar-se para conhecer a realidade, imergindo num espaço mais amplo e, consequentemente, mais rico em possibilidades e riscos. O mergulho no útero simbólico da consciência, na própria totalidade. Esse é também um encontro com o feminino universal, interno e externo, o que proporciona o reconhecimento dos ciclos[9] da existência, o nascimento, desenvolvimento e transformação ou morte, e sua combinação de elementos masculinos e femininos.

Consciente, o guerreiro vê diante de si um universo de probabilidades e possibilidades, mas ele lida, fundamentalmente, com a possibilidade. A confiança no provável pode levar ao comodismo, distração e resignação. Já a vontade consciente, aliada à estratégia e ação correta, transforma uma possibilidade em realidade (Goswami, 2000). A probabilidade promove a passividade, enquanto a possibilidade compromete, motiva e responsabiliza para realizar. Até o modo

[9] - *Criação, manutenção e destruição, aspectos da natureza segundo o hinduísmo.*

como se crê em Deus pode ser utilizado como desculpa para não agir, ou para agir imprudentemente. O guerreiro precisa conhecer a natureza de sua fé. A sedução do fanatismo conduz a um tipo de onipotência fantasiosa que, consequentemente, gera prepotência, imprudência, preconceito e intolerância. Grande parte das pessoas se detém em uma religiosidade alienante, transferindo a responsabilidade de suas escolhas a outrem, para com isso também transferir seus medos e culpas. Como desconhecem ser inalienável a responsabilidade para consigo mesmas, acabam, sem querer, preservando seus medos e culpas, com os quais se deixam manipular.

De acordo com a psicologia analítica, os estágios do PROCESSO DE INDIVIDUAÇÃO se iniciam com o desvelar da persona (máscara) que, embora proteja a psique, também esconde o *Si-mesmo* e os conteúdos inconscientes (Fadiman, 1986:57-58). O risco desse estágio é identificar-se com a persona, tentando ser bom, certinho ou perfeito demais, incapaz de aceitar as imperfeições que se opõem à idealização do ego, jogando-as para a sombra. Foge-se da severa autocrítica e da auto-rejeição que projeta no meio externo, como temor da crítica e rejeição advinda por parte de outras pessoas.

Posteriormente, a sombra é identificada, confrontada e integrada, evitando assim a projeção e o domínio da psique por parte de seus conteúdos negados. Percebe-se a sombra em pessoas do mesmo sexo que, em geral, nos incomodam e desagradam profundamente.

Segue-se um confronto com a *anima* para o homem e com o *animus* para a mulher, como se fosse uma pessoa, para assimilar sua natureza complementar e também para evitar projeções, generalização e idealização de um parceiro, bem como o domínio da psique. Esse é um importante aspecto de relação pessoal com o inconsciente coletivo.

A última fase é o desenvolvimento do *Si-mesmo* e a realização da totalidade. O *Si-mesmo* atua como centro, um princípio organizador do psiquismo. Talvez seja essa a razão para encontrarmos a forma de mandala (círculo) presente em diversos símbolos, bandeiras, sonhos e desenhos. O *Si-mesmo* deve governar a psique com o auxílio do ego. A limitada realidade do ego deixa de ser a totalidade da consciência, que agora abrange o *Self*. O *Si-mesmo* também abrange, entre outras, as imagens arquetípicas do herói e do sábio ancião, como aspectos ou expressões desse singular arquétipo.

> *Durante o desenvolvimento, o Si-mesmo colide com a psique e gera mudanças no indivíduo em todos os níveis: físico, psicológico e espiritual. O processo de individuação é impulsionado pelo Si-mesmo e levado a efeito através do mecanismo de compensação. Embora o ego não o gere nem o controle pode participar nesse processo na medida em que adquire consciência dele. (Stein, 2004:173)*

Jung enfatiza a busca pela totalidade e não pela perfeição, o que auxilia a reduzir o risco do ego inflar, apropriando-se indevidamente das características do *Self* ou assumindo outros arquétipos como identidade e continuar com centro da personalidade, dissociado do *Self*. A busca pela totalidade enseja a integração de partes não aceitas pelo psiquismo e promove a libertação. A dimensão da totalidade é infinita, e certamente implica em aperfeiçoamento, ou na busca da perfeição como processo e na busca do significado de momento a momento. Essa consciência é respaldada pelo respeito e pela humildade diante da imensidão de que fazemos parte. No entanto, a busca da perfeição como fim, geralmente é estática e está condicionada a conceitos e idealizações que camuflam os grilhões de tudo que não pode ser reconhecido como parte sua. A crítica defensiva sobre o que se desconhece gera uma sensação de conforto diante das arraigadas convicções, mantendo-as isentas do confronto que traria o fortalecimento ou a transformação. Uma mentalidade sectária propicia o risco da teatralização racional de verdades espirituais que não foram vivenciadas ou devidamente contestadas. Outro perigo é a utilização de uma instituição, dogma ou ideologia como substituto de uma identidade não estabelecida, própria de um ego imaturo, limítrofe ou psicótico. A lealdade, nesse caso, pode ser vista como duvidosa, convenientemente estabelecida ou fanática. Não consegue conviver com o paradoxo.

Mas no contato com o *Self* os paradoxos se harmonizam e a complementariedade surge onde havia oposição. Somente quando se conecta à Fonte, o confronto deixa de ser necessário como mobilizador de energia. O *Self*, o *Si-mesmo*, é a fonte que possibilita a superação da tensão entre os opostos. Tendências contrárias solicitam ao ego ações também contrárias. O conflito entre o que se é realmente e a idealização, o que se deveria ser ou o que se pensa que é. Caso um lado vencesse o outro, restaria uma pessoa fragmentada, gozando aparente integridade, sendo apenas o que se espera dela, a persona, ou sendo aquilo que ela própria jamais admitiria, a sombra. O ego então desempenha seu heroísmo mantendo "a tensão entre os opostos sem deixar que nenhum deles se manifeste no mundo como ação" (Hall, 1992:109). Dessa vitória e maturidade do ego surge o terceiro elemento, denominado por Jung como **função transcendente**, surgindo uma solução simbólica, onde a lógica não foi possível encontrá-la. O ego, então, amplia a visão do conflito e transcende-o.

> *Não desejo saber com quem estou em conflito; não desejo conhecer os conflitos periféricos de minha existência; o que desejo saber é por que razão existe o conflito. Ao fazer a mim mesmo essa pergunta, percebo uma questão fundamental que nada tem em comum com os conflitos periféricos e suas soluções. Estou interessado no problema central e vejo que a própria natureza do desejo, se não for devidamente compreendida, levará inevitavelmente ao conflito.*
>
> *O desejo está sempre em contradição. Desejo coisas contraditórias. Não estou dizendo que devo destruir, reprimir, controlar ou sublimar o desejo; estou vendo, simplesmente, que o desejo em si é contraditório. Não é o objeto do desejo, mas a sua verdadeira natureza que é contraditória. Tenho de compreender a natureza do desejo, antes de poder compreender o conflito. Em nós mesmos, vemo-nos num estado de contradição (...) criado pelo desejo – sendo o desejo a busca do prazer e o evitar a dor que já conhecemos. (Krishnamurti, 1972:58-59).*

A função transcendente proporciona uma mudança energética além da mudança de consciência, pois a energia psíquica, antes destinada aos opostos isoladamente, agora pode ser utilizada pela totalidade. Para Raff (2002), "a função transcendente une os opostos e transforma a energia psíquica". O estado do inconsciente é transformado. Também a perfeição é resignificada, e o sentido de evolução que norteava a consciência reencontra a substância permanente e imutável, muito além da compreensão intelectual situada nas dimensões de espaço-tempo. Paradoxos relacionados ao bem e ao mal evocam distâncias morais, dogmáticas e culturais quase infinitas, deixando para cada indivíduo um desafio.

Como se vê, cada estágio envolve dificuldades e riscos peculiares. No confronto, os conteúdos inconscientes emergem à consciência e o que se torna consciente pode ser reintegrado. O sentimento de medo impede o necessário e desconfortável confronto, mantendo o indivíduo aprisionado e infantilizado em um paradisíaco casulo. Teme sofrer a dor aguda da conscientização, da ruptura, e mantém-se aquecido em fogo brando, consumindo sua vitalidade aos poucos, entorpecendo seus órgãos, morrendo para a vida.

A ruptura revela o limite de qualquer estrutura, a consumação de sua finalidade. O ponto máximo da força é também o mais próximo da ruptura. A natureza humana funciona como uma barra de aço, se submetida a pouca pressão, nada acontece, e o limite de sua capacidade fica desconhecido. Quando a pressão aumenta, sua resistência é percebida e as transformações começam a ocorrer como formas adaptativas, para preservar a integridade física e psíquica, ainda que deformada. Flexibiliza-se para não romper, mas essa flexibilidade não é tudo. Aumentando a pressão ainda mais, ela já não se deforma, está no ponto máximo de sua resistência. É quando são ultrapassadas as ameaças e deformidades naturais oriundas da pressão a que somos submetidos, e chegamos a um estado onde não nos deformamos mais, mas é justamente o ponto que antecede a deformidade total, o ponto de maior risco. Distinguir que estruturas precisam ser rompidas e quais precisam ser mantidas são desafios de cada individualidade.

O sofrimento temido é sempre menor e mais breve do que se imagina, quando nos colocamos frente a frente com ele. O confronto é inevitável para o crescimento, desenvolvimento e realização do indivíduo. O preceito romano *si vis pacem, para bellum* (se desejas a paz, prepara a guerra) serve de alerta para o entorpecimento gerado pela estagnação, conformação, indefinição, indecisão e hipocrisia. A paz aparente da passividade e da resignação, em seu suposto alívio, tanto corrói a alma, adoece o corpo, quanto pode arrasar uma instituição e colocar a soberania de uma nação em risco.

Sem confronto e rupturas não há vida. Não como antagonismo equivalente, que resultaria em uma nulidade de forças, mas na reação alquímica intencional para a manifestação do elemento que transcende. Aquilo que sempre esteve presente desde o princípio, porém oculto. Aquilo que cada um sempre foi e que jamais será perdido nas idas e vindas de suas histórias particulares. Conhecer isso é o significado da busca e conhecer é ser integralmente. As iniciações, quaisquer que sejam elas, nominativas e ritualísticas ou não, serão sempre portais clamando para serem abertos, para revelarem seus tesouros... a nossa realidade "...buscais, e achareis; batei, e abrir-se-vos-á" (Mateus 7:7).

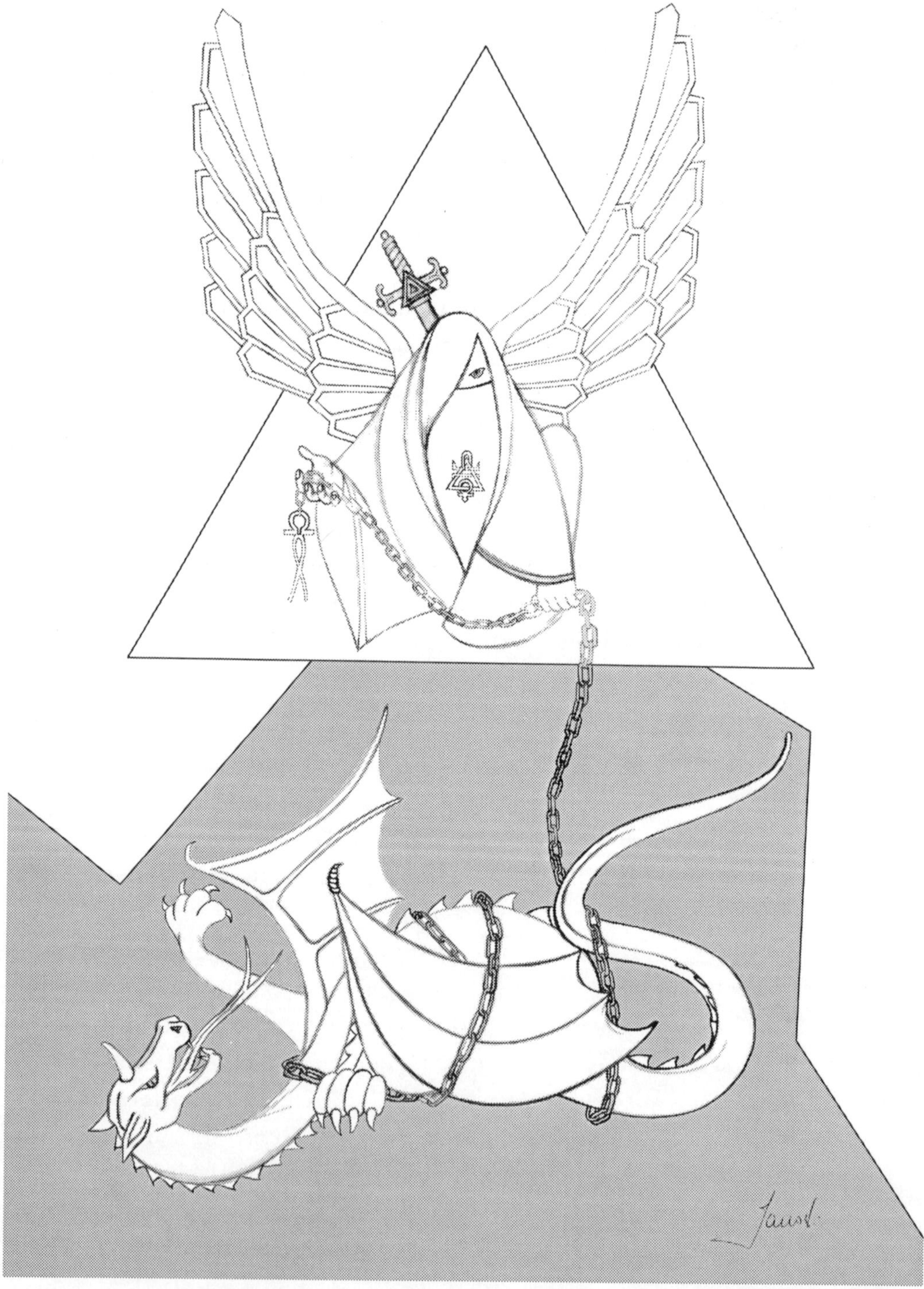

Capítulo

III

SUA MOTIVAÇÃO

Um guerreiro é um santuário vivo do divino,
que deve servir a um grande propósito.
Morihei Ueshiba

A ESPADA

O brilho penetrante de uma espada
forjada por um seguidor do Caminho
ataca o inimigo maléfico
emboscado no fundo
de seu corpo e alma.
Morihei Ueshiba

A forja de uma espada era um ritual sagrado em diversas culturas. Os materiais eram escolhidos cuidadosamente. Não havia pressa. Quando o Japão perdeu a guerra, os Estados Unidos confiscaram quase todas as armas, entre elas as espadas dos samurais, que eram passadas de pai para filho. Existem poucas remanescentes.

Para forjar o aço é necessário que o ferro fique incandescente e seja submetido à têmpera. A resistência da espada é proporcional ao retempero do ferro. Também as experiências de um guerreiro forjam sua habilidade, transformando a força da impulsividade em estratégias precisas e autodeterminadas. O fogo purifica, transforma, inflamando a ira adormecida, e a água redimensiona-a, despertando o guerreiro de seu delírio de vingança. Como o armeiro desbasta o rígido metal para convertê-lo em arma perfeita, o guerreiro, ao cepilhar e brunir a espada, faz com que o brilho de sua alma possa se refletir em sua mente e reluzir em sua espada.

Semelhante à alma, cada espada é única, e os guerreiros sentiam-na como extensão do corpo e da mente. Em *Pensamentos e Meditações*, Gibran narra um momento em que, nas cordilheiras do Líbano, um comandante e sua tropa foram atraídos pelo relincho de um cavalo e encontraram um cadáver ao seu lado. O Comandante da tropa gritou: "Mostrem-me a espada deste homem e lhes direi quem é ele". Mas os guerreiros não conseguiram tirar a espada da mão do morto. "Os dedos dele estão terrivelmente seguros ao cabo da espada. Será uma pena forçá-los a se separarem". Assim o comandante pediu para levantarem a cabeça ao luar para identificá-lo:

> *Os homens fizeram como ordenado, e o rosto do homem morto surgiu por trás do véu da morte, mostrando traços de valor e nobreza. Era a face de um cavaleiro vigoroso, e que demonstrava masculinidade. A face de um homem triste e alegre; a face de um homem que enfrentou o inimigo corajosamente e a morte sorridente; a face de um herói libanês que, naquele dia, participara do triunfo, mas não vivera para poder marchar e cantar e celebrar a vitória com seus camaradas.*

Como no Japão, também no Líbano, as armas eram um patrimônio de família. "Não abandonemos à solidão as armas acostumadas à ação e à luta; levemo-las para seus parentes como um grande e eterno patrimônio" ordenou o comandante; em seguida, ajoelharam-se e rezaram as orações do Nazareno para que Deus os perdoasse e abençoasse a vitória.

Para os guerreiros a espada era um instrumento de justiça, vida e morte, capaz de extirpar o mal, ou simplesmente identificá-lo. Podemos associá-la à *viveka* e *mukti* na filosofia védica, bem como à separação do joio do trigo no Cristianismo, pois extirpa aquilo que tenta se passar por verdade. Nas palavras de Raff (2002:127), "a espada é o instrumento da transformação e simboliza o próprio processo de mudança".

> *A espada é muito mais do que um instrumento que divide... é a força que transforma alguma coisa infinitesimalmente pequena em algo infinitamente grande... Ela trata da transformação do espírito vital em algo divino. O ser natural torna-se pneuma divina.* (Jung, apud Raff 2002:127)

Por meio da espada, o guerreiro discerne o que ele é, o que parte dele e qual é o seu propósito. Diferencia-se, torna-se observador do mundo e de si mesmo, podendo agora caminhar sem transferir involuntariamente seus conteúdos inconscientes para o meio. Expande-se da inicial unidade inconsciente para a diferenciação e, posteriormente, para integridade de si mesmo, unidade consciente com toda a vida, percebendo consciência e inconsciente como partes do *Si-mesmo*.

O ego portando a espada é grande aliado do *Self*, do *Si-mesmo*, fazendo com que a personalidade se desenvolva harmoniosamente e se liberte da dependência infantil inconsciente, de um sintoma angustiante, de compulsões e missões impossíveis. O ego não pode abarcar o inconsciente coletivo, sob o risco de desintegração. Essa missão destina-se ao *Si-mesmo*, capaz de harmonizar os contrários, aceitando todas as partes, sem juízo de valor e expressar sua onipotência e onipresença. Quantas vezes a cura está apenas em dar ouvidos a algum conteúdo inconsciente, sem, necessariamente, transformá-lo? Todos os paradoxos têm funções específicas e são neutros. A princípio, não são bons nem maus, contudo, devem ser adequados (Fordham, 1978).

De acordo com Raff (2002:128):

> *O ego leva essa espada, sem a qual não haveria processo de transformação. O ego tem importância capital nessa obra e não pode haver evolução para níveis superiores de existência e consciência sem ele. Com sua intenção e vontade, sua atenção e discriminação, o ego altera a própria natureza do inconsciente, pondo fim ao caos e iniciando a difícil e prolongada tarefa de auto-redenção. A natureza divina do ser humano oculta sob as águas caóticas do inconsciente no Si-mesmo latente, é despertada e levada a manifestar-se graças aos esforços do ego.*

O ego revelando o *Si-mesmo*, o humano percebendo-se divino, sem negar sua humanidade, reconciliando-se com seus opostos e com os conteúdos que foram negligenciados. Para Jung (apud Fordham, 1978:62), "o lugar da divindade parece ter sido ocupado pela totalidade do homem". "O homem total é indivíduo, mas não individualista, que quer dizer egocêntrico" (Fordham, 1978:69-70). Ao aceitar a si mesmo, acolhe o outro com naturalidade, expressando compaixão e altruísmo.

Nas tentativas de afiar a espada ou lustrá-la, os dedos incertos do guerreiro podem ferir-se antes da batalha. A nódoa permanece onde se queria um brilho, como a adverti-lo que os descuidos podem ser fatais. Procurará, em vão, limpá-la, o soldado que tem as mãos feridas, como a lembrar que a dor alheia, à sua própria se mistura, evitando, assim, o uso indevido da espada; ciente de que, como alerta o Premavatar[10] Paramahansa Yogananda, um iogue descendente da casta Kshatryia (guerreira), "a espada muitas vezes destrói o propósito pelo qual foi usada". "Embainha a tua espada; porque todos os que lançarem mão da espada, pela espada morrerão" é o alerta bíblico (Mateus 26:52) sobre o poder da espada e sobre a conseqüente responsabilidade de quem a utiliza.

O AMOR produz o corte perfeito na espada e a segurança da AÇÃO JUSTA. Seu corte extirpa o que não é funcional, qual a ação de um bisturi removendo um tecido morto para preservar o sadio. Sem o amor, o corte da espada fica "dentado", embrutecido e mal direcionado. A espada com justiça e amor equilibra na ação os elementos masculinos e femininos, e compatibiliza o individual com o coletivo. O amor abriga a espada das intempéries como uma bainha protetora – o feminino –, contendo, absorvendo e acalmando sua natureza fálica e impulsiva – o masculino. A espada associa, paradoxalmente, vontade, atividade, controle, poder e agressividade, com passividade, entrega, fragilidade e acolhimento. A justiça separa, delimita, exterioriza, corrige e educa, para

[10] - *Prema (amor), avatar (divindade descida à carne).*

que o amor possa cuidar, curar, interiorizar, perdoar e unir. Quando a vontade alia-se conscientemente ao amor, o indivíduo caminha, como avalia Rollo May, para a maturidade, a integração e a perfeição. Parte da "vontade egoísta" para a "comunhão de consciências".

O guerreiro prefere o discernimento espiritual à força física, pois percebe que a força bruta não produz resultados duradouros. Lao-Tsé (1983:59) alerta sobre as conseqüências do uso da força bruta em oposição à harmonia:

> *A força logo terá a força contra si. Onde acampa uma tropa, o campo desaparece e, em pouco tempo, os espinhos nascem onde havia flores. E logo a seguir irromperão as guerras. O virtuoso atinge sua meta sem utilizar a força. Conquista sem infligir sofrimento, sem destruir, sem orgulho, sem explorar o próprio sucesso, e depois pára. Vence sem violência. Quando os homens usam a força bruta envelhecem, pois ela se opõe ao Tao, e tudo que se opõe ao Tao perece prematuramente.*

Percebendo isso, o guerreiro pode usar assertivamente os sentimentos hostis. O fio de raiva que alimenta a espada do discernimento é capaz de curar as doenças da alma e libertá-la do jugo da fantasia autocriada. Como a espada ameaça de morte aqueles que estão sob sua mira, por isso mesmo também os pode curar. Uma raiva justa, sem mágoas, pode dar à espada um corte perfeito. Quando a mágoa aflige o guerreiro, é melhor utilizar o cabo da espada; jamais seu corte. Assim não haverá do que se arrepender.

Ao invés de lutar contra o sistema, destruir o espião ou o traidor externamente, o guerreiro vai primeiro transformar a si mesmo, encontrar o sabotador interno, encontrar os próprios desejos e características que contribuem negativamente para manter o sistema o qual visa combater. Consciente de sua co-responsabilidade e com ações coerentes com o seu modo de pensar, promoverá a mudança dos que estão próximos e receptivos a ele. Na bíblia cristã, em Mateus 10:34-36, encontramos:

> *Não vos ponhais a imaginar que eu vim trazer a paz à terra; eu não vim trazer a paz, e sim a espada. Sim, eu vim separar o homem do seu pai, a filha da sua mãe, a nora da sua sogra; os inimigos de alguém serão as pessoas da própria casa.*

Essa passagem bíblica faz lembrar a ordem de Krishna ao guerreiro Arjuna, para que combatesse o exército adversário, mesmo enxergando nele seus parentes, uma espécie de lição relativa à necessidade de enfrentar os íntimos habitantes de nosso mundo interno, como aspectos da psique.

A partir de sua transformação pessoal, transformará o meio. O guerreiro, conhecendo os princípios da guerra e do entendimento pacífico, pode apresentar a melhor estratégia. Segundo Sun Tzu (2001a:17), "dominar o inimigo sem o combater, isso sim é o cúmulo da habilidade", "vencer sem lutar, realizar ao máximo fazendo o mínimo". Ressalta, ainda, os fundamentos da vitória:

> *Conhece-te a ti e ao teu inimigo e, em cem batalhas que sejam, nunca correrás perigo; quando te conheces mas desconheces o teu inimigo, as tuas hipóteses de perder ou de ganhar são iguais; se te desconheces e ao teu inimigo também, é certo que, em qualquer batalha, correrás perigo. (Sun Tzu, 2001a:46).*

O guerreiro orientando assertivamente a sua agressividade não cai nas armadilhas das disputas diárias, quer seja no trânsito, no esporte, no trabalho, na família ou nos ofícios religiosos. Seu comportamento, eventualmente agressivo, nem sempre está vinculado a questões emocionais e nem a intenções agressivas de sua parte. Observar a intencionalidade do outro, para então agir e para não fazer da guerra dos outros sua própria guerra, o faz soberano de si mesmo. A verdadeira habilidade é imperceptível aos olhos comuns e a vitória começa no treinamento e se firma nas atitudes, antes do resultado final. "O militar vitorioso primeiro é vitorioso, depois combate. O militar derrotado primeiro combate, depois busca a vitória" (Sun Tzu, 2001c).

Simbolicamente, o guerreiro só depõe a espada para orar e durante o amor, quando não há luta, só entrega. Nesse momento, ele está protegido pelo Criador e não precisa preocupar-se. Toda natureza o acolhe e provê, respeitando a consumação da primavera da alma. Iogues, como Yogananda, e poetas, como Gibran, em todos os tempos afirmam isso: "Quando você está amando a Deus, nada neste mundo poderá atingi-lo" e "no campo, ninguém persegue ou espiona os encontros dos que amam". Referências à poderosa vibração do amor. Em certas épocas no Japão, a cerimônia do chá também era respeitada como um momento de paz, e os samurais deixavam a espada longa do lado de fora do recinto.

O guerreiro, ao depor as armas diante de algo que é maior do que ele, vence a magia da espada que o faz supor-se poderoso enquanto a empunha. Alerta Li Ch'üam, em seus comentários à *Arte da Guerra*: "A guerra é igual ao fogo. Aqueles que não mais querem depor as armas acabarão por elas consumidos." (In Sun Tzu, 2001a:35)

Os instrumentos do guerreiro aguardam sua sábia decisão. O que ele decidir verdadeiramente o universo realizará, neste sentido não há luta, nem tensão. A luta ocorre apenas para alcançar esta vontade, esta decisão. Como instrumento, temos: a fala durante uma intervenção terapêutica; o bisturi em procedimentos cirúrgicos; a escrita propondo reflexões, questionamentos, e aplicação de sanções e normas; os limites disciplinares no processo educativo, entre tantos outros.

Durante o processo terapêutico, pode-se perceber que aquilo que aprisiona a alma também é desejado como uma questão de vida e morte. O terapeuta não pode ser seduzido pela doença do cliente, para ser capaz de ajudá-lo a libertar-se. Sem remorso, culpa ou pena, o terapeuta sente o desejo de despertá-lo e com paciência encontra o chamado da alma do cliente e a abertura necessária para o corte libertador. A espada do discernimento só pode ser usada com compaixão. O analisando sente-se seguro diante dela, não mais se sentindo ameaçado.

O RIO

O oceano é o objetivo de todos os rios
e das águas das chuvas que caem das nuvens
e, contudo, nunca se enche demais e nem se esvazia.
Buddha

O desespero diante de batalhas sangrentas obstrui momentaneamente o horizonte. Perde-se a direção. Tudo se reveste com a cor da vida que agora flui em inútil abundância. Semelhante a um rio que perdeu o sentido e dissolveu-se no meio de um caminho com muitas vertentes. Será que concluiu seu destino? Será assim também o guerreiro, deixando-se consumir totalmente nas batalhas que empreende e sentindo-se honrado por morrer lutando?

O rio sabe que as águas não são suas, e as deixa fluir. E é esse fluir que o torna um rio. O guerreiro sabe que a energia não é somente sua e também não a utiliza só para si. Ambos são percursos de um poder maior. E quanto mais livres forem, tanto mais fluirá através deles esse poder. Obstruções nos canais sutis (*nadis*) desequilibram o fluxo da energia (*prana* ou *ki*), que se acumula indevidamente em algumas partes do corpo, enquanto em outras ocorre depleção. A ilusão é reter. Reter é a morte do rio. Como o apego é o fim do guerreiro. Reter o que é bom inutiliza-o, torna-o podre, lixo. Reter o lixo contamina, vira doença e morte. Para Sócrates (Platão, 1999), "as guerras têm origem apenas no desejo de acumular riquezas e somos obrigados a acumulá-las pelo corpo, para servi-lo, como escravos, em suas necessidades". Assim o corpo vai acumulando, retendo e se apegando a tudo que possa trazer satisfação. Uma satisfação que a cada dia se torna mais exigente; que fragmenta o indivíduo, separa-o de seu semelhante, transformando-o num explorador ou num escravo.

Reter a expressão de sentimentos e não compartilhar informações necessárias à coletividade é uma das mais antigas formas de controle sobre os outros, que acaba por aprisionar ambos numa paralisação improdutiva, egoísta, manipuladora e contrária à vida. A busca pelo controle sobre situações e pessoas surge, principalmente, na tentativa frustrada do autocontrole para evitar o sofrimento de não atender à expectativa alheia. A superproteção, a indução de culpa, a sugestão de uma responsabilidade indevida ou uma postura narcisista visam controlar para suprir suas necessidades e não para satisfazer o outro. O perfeccionismo, o ritualismo dos comportamentos obsessivos-compulsivo, a irritabilidade crônica, a co-dependência, a prestimosidade descabida apresentam um controle que também é alimentado pelas pessoas de sua convivência. O meio estimula e se aproveita da necessidade dos controladores e também a explora. Os controladores são controlados, como os que retêm se tornam retidos pela força que despendem em manter os conteúdos aprisionados. A retenção desvia e bloqueia a força que poderia ser empregada na pró-ação. Sendo pró-ativo, o guerreiro desvia-se do controle alheio e deixa de sentir suas ações apenas como efeito ou reação à provocação, passando a ser causa de transformação.

O perfeccionismo rompe com o princípio de economia e de sabedoria da vida, quando parte para o extremo. Deixa de favorecer o crescimento e o aprimoramento, paralisando a pessoa na emoção envolvida no detalhe e não no detalhe irrelevante propriamente dito. A visão de conjunto, de proporção, de funcionalidade e prioridade é importante quando se busca fazer o melhor e isso se perde quando as emoções envolvidas na busca de perfeição se limitam ao alívio do medo e da culpa ou à satisfação da própria vaidade. Se a oportunidade solicita ação imediata, de nada adiantará ser perfeito mais tarde.

O guerreiro senta-se, de vez em quando, às margens de um rio para lavar-se da batalha, deixando a mente limpa para seguir adiante. Entrega ao rio, quando molhar o rosto, suas tristezas, dúvidas, vitórias e derrotas. Nada leva consigo que não seja útil para a próxima batalha, como as etapas passadas na vida do cliente em psicoterapia. Procura-se trazer as lições e desapegar-se das culpas, mágoas, frustrações, arrependimentos e excesso de controle. Para isso é preciso ser capaz de experimentar no íntimo os medos e as esperanças do rio de sua própria vida e entregar-se ao sentido da correnteza em sua busca pelo mar. Contemplar o rio, a linha sinuosa de suas águas e a erosão diferenciada das margens[11] pode ser um bom exercício de relaxamento, ao mesmo tempo em que revela a sinuosidade da trajetória do guerreiro, diferente da rígida linearidade erroneamente idealizada por ele no início do treinamento.

Qualquer coisa que não seja útil distrairá a mente do guerreiro, tornando-o frágil neste ponto. Sua vigilância não será ampla. Terá pontos de retenção. Terá novas necessidades e terá perdido, momentaneamente, a liberdade. Precisa estar relaxado e vigilante para estar de prontidão. Qualquer tensão desviará a atenção para pequenos pontos. "A fixação oferece um meio fácil de fazer sua energia voltar-se contra si mesmo" (Sun Tzu, 2001c:190). Perder-se-á a amplitude e o fluxo será interrompido. Estar relaxado sem estar vigilante é o mesmo que estar semi-inconsciente. Vigilância e prontidão requerem relaxamento, firmeza e consciência.

A liberdade presente na vigilância dá ao guerreiro a capacidade de agir imediatamente. Essa percepção intuitiva é mais avançada do que aquela que exige um tempo para o raciocínio. Em toda situação de ameaça já está implícito o tipo de ação adequada para superá-la, não há necessidade de intelectualizar. Nessas circunstâncias, o pensar sobre elas já nos distancia do que elas realmente são. Essa distância pressupõe um decurso de tempo, que em nada favorece. O guerreiro não deve dar tempo para o adversário pensar, e sim, confundi-lo e surpreendê-lo.

> *O raciocínio, não só nas artes marciais, mas em quase tudo, deve ser composto na calma do cotidiano. Na prática, as situações de perigo exigem resoluções instantâneas. Aqui, os raciocínios não têm valor: vale a intuição. O raciocínio é sem dúvida parte da própria trama da intuição, mas tem qualidade lenta, inútil em uma emergência, razão por que muitas vezes conduz à derrota. (Yoshikawa, 1999:1659)*

O grande pensador indiano Krishnamurti (1972) alerta que o tempo não promove a paz, pode dar apenas uma tranqüilidade apa-

[11] - *A Lei de Baer explica o fenômeno inverso de erosão das margens dos rios, relacionando-o com o hemisfério em que o rio se encontra.*

rente. O pensar, nesse caso, seria reter, retardar e não resolver. A ação diante de um perigo não é gradual, tem que ser imediata e precisa para restabelecer a ordem e a harmonia. O tempo engendra o conflito e o medo. Quando a ação é imediata, não retida, não há divisão de tempo entre passado, presente e futuro. Existe o agora, sem conflito, solicitando uma ação específica. Agir imediatamente é fruto de percepção e não de impulsividade ou revolta. É um sentir profundo, uma razão instantânea além das funções intelectivas. Uma reação impulsiva lida apenas com a emoção e, por desconhecer a origem ou a intencionalidade do estímulo, é mais suscetível de engano, conduzindo facilmente à cilada armada.

Reter é como resistir. Em casos de agressões físicas e verbais, há no agressor a expectativa da reação ou resistência do ofendido. Quando isso não acontece o agressor se confunde e então o ofendido pode conduzi-lo como bem entender, utilizando a força do próprio agressor contra ele mesmo. Isso não significa passividade e omissão, e sim, estratégia. Simplesmente o ofendido não dá base para que o ofensor possa se apoiar para continuar suas investidas. A intenção de reagir é percebida pela tensão muscular. O estado de relaxamento facilita o disfarce de sua estratégia defensiva. A combinação de técnica e criatividade dá ao guerreiro a vantagem do inesperado. A fluidez deve estar presente tanto nos ataques surpresas quanto nos convencionais. Por meio da continuidade um se transforma no outro. A vitória relaciona-se com a abundância de surpresa (Sun Tzu, 2001b). A fluidez transcende a guerra. Conduz o bem e o mal juntos na distração de suas águas. Enquanto as forças opostas brigam entre si, não percebem que estão sendo conduzidas para aquilo que é o seu destino.

Vemos em alguns acontecimentos trágicos e nas somatizações, o predomínio da rigidez, em vez da firmeza, a retenção de pensamentos e emoções, a ausência de fluidez, o desespero e a sensação de que não há saída e a repetição de padrões de comportamentos não-funcionais. Perdeu-se a conexão com a criatividade e com o autocontrole, capazes de avaliar a necessidade do momento e encontrar soluções novas. A doença psicossomática é uma tentativa de integração do indivíduo diante de emoções que não consegue administrar. A rigidez nos julgamentos e na auto-avaliação impede a fluidez e pode gerar alterações na postura, na musculatura, obstipação, dor de cabeça, perda da espontaneidade etc., evidenciando a fragilidade do ego em articular as necessidades instintivas, o código moral e a realidade na qual está inserido.

A tensão muscular em uma pessoa desestruturada egoicamente equivale a um escudo protetor contra a desintegração psíquica. Não se deve forçar o relaxamento, há risco de surto. O relaxamento virá progressivamente na medida em que o ego se fortalecer e a pessoa desenvolver a autoconfiança e sentir-se segura. A tensão, neste caso, tem a função de manter as fronteiras da própria identidade. São os conteúdos negados os que mais ameaçam a consciência. A auto-rejeição não percebida é sentida de modo exacerbado quando a pessoa se sente rejeitada por alguém. A crítica excessiva retorna como medo de errar e de ser criticado e rejeitado. A culpa mantém o rito de constante autopunição. Já a auto-aceitação diminui consideravelmente a culpa, o medo e as tensões.

A dor no coração do guerreiro pode ser autocontrolada. Ele necessita estar em paz para poder ir para a guerra e necessita da guerra para promover a paz. Diferentemente do treinamento, em que apenas a dor, a revolta, a raiva e a agressividade são provocadas, estimuladas e usadas como combustível para a vontade de lutar, ou daquele treinamento desvirtuado, em que as más tendências são instigadas para formar lutadores destrutivos, sem caráter e sem valor. "Ondas de pensamentos de raiva gradualmente criam tendências de raiva, que, por sua vez, predispõem o indivíduo a reagir com raiva em várias situações" (Fadiman, 1986) e até mesmo a provocar a agressão alheia que justifique extravasar sua raiva. São diferentes níveis de razões e lutas. A dor e a revolta são apenas estágios iniciais do despertar de um guerreiro. Os verdadeiros guerreiros, quando estão prontos, são pacificadores. Já sofreram demais com o próprio sofrimento ou já presenciaram dramas inenarráveis. Entre suas perdas pode estar o que mais valorizavam e amavam. Só lhes resta buscar a paz e, quem sabe, depois da guerra, ter um momento de repouso para curtir suas lembranças. Guerreiros gostam de contar suas histórias, e mesmo que não falem dos sentimentos envolvidos, as emoções escapam em suas recordações.

Guerreiros são emotivos e utilizam a emoção para agir. Para Jung, a emoção é a fonte mais importante de consciência, permeando todo o processo de individuação. Emoção é movimento, tal qual o rio, a ação e a vida. Quem pode separar o movimento do próprio rio, sem destruir-lhe a existência e o significado? Por isso os guerreiros são executores. Isso não quer dizer que tenham sempre que agir inflamados. Conta-se (Savelle, 1968:218) que no temperamento, Alexandre Magno "era agressivo e ambicioso, ousado e incontrolável. Sua energia e vigor eram quase sem limites". Essa energia direcionada, associada a seu caráter e sabedoria, deu às suas investidas a força irresistível da vitória. Após o assassinato de seu pai, Alexandre vingou a traição, e foi sua noção de momento que o fez prontamente assumir o poder, aos vinte anos de idade, e debelar as contendas que o envolviam.

Os sábios, cuja ação é mais serena, orientam os guerreiros. Sábios são intermediários e auxiliam a ação dos guerreiros, ambos desempenhando papéis definidos e necessários. Tais papéis são, no entanto, flexíveis, de modo a manifestar sabedoria nos guerreiros e possibilitar aos sábios também agir. A sabedoria também se revela por meio do arquétipo do sábio conselheiro dentro da psique do guerreiro. São sonhos ou imagens espontâneas com pessoas mais velhas e que sejam referência em alguma arte, ofício ou parentesco. Outras vezes, é a percepção intuitiva afinada com a sabedoria interna. No entanto, o guerreiro não encontra o sábio enquanto ainda estiver protegido em sua conhecida caverna.

Os sábios desagradam o ego e agradam a alma, quer seja por meio do silêncio ou da palavra, da crítica ou do elogio, do prazer ou da dor. Sábios são livres, pois só pessoas livres sabem usar ambos os lados da realidade para o crescimento de alguém. A LIBERDADE é o pressuposto para apreciar a vida, reconhecer a verdade e tornar-se agente de realização. Verdadeiros filósofos, para Sócrates, "são os que amam o espetáculo da verdade". Sem liberdade, impera a ignorância, o desconforto, a parcialidade, a obstrução, a cisão, o ódio. Com eles, a injustiça.

> *A importância da sabedoria sempre esteve presente na vida de Alexandre, desde sua educação com o acompanhamento de filósofos como Aristóteles, depois com Calistenes, até a invasão da índia, onde demonstrou interesse pela filosofia hindu e pela companhia de santos e sábios, como Dandamis, da cidade de Taxila, no norte da Índia. Quando os gregos invadiram o noroeste da Índia, sob o comando de Alexandre, o Grande, designaram o povo que vivia às margens do rio Indo como indos, ou hindus, consequentemente, a religião védica Sanatan Dharma (religião eterna) passou a ser chamada Hinduísmo (Yogananda, 1999:370, n.4).*

Dandamis foi procurado por Onesikritos (discípulo da escola helênica de Diógenes), a pedido de Alexandre. Onesikritos apresentou as credenciais de Alexandre, como o filho do poderoso Deus Zeus, ao que o brâmane respondeu "Eu também sou filho de Zeus, se Alexandre o é", seguindo um longo diálogo em que rejeitava as oferendas de Alexandre para ir até ele e tecia severa crítica sobre as andanças e conquistas de Alexandre sem nenhum proveito para a alegria interior. "Como pode alguém como ele ser o senhor do mundo, quando ainda não conseguiu se instalar no trono do domínio do universo interno?" censurava, Dandamis. Conta-se que Alexandre ficou impressionado com a atitude do sábio e foi até ele, "que apesar de velho e nu, era o único oponente em quem ele, o conquistador de muitas nações, havia encontrado alguém à altura". Kalanos foi outro grande sábio que Alexandre teve como instrutor, tendo impressionado o exército macedônio por seu destemor diante da dor e da morte, erigindo o próprio crematório ainda em vida e também pela predição oracular da morte de Alexandre, um ano depois, na Babilônia (Yogananda, 1999). Após a morte de Alexandre, seus sucessores enfraqueceram o império. O poder real ficou dividido entre os generais, que apesar de experientes, não tinham um objetivo comum ou não conseguiam conciliar estratégias e arbítrios.

A SABEDORIA é princípio da justiça. O guerreiro rege-se pela justiça e age em prol da multidão indolente, ignorante, omissa ou que se crê, convenientemente, indefesa. Gibran (1967), descreve a importância da sabedoria para uma nação, comparando o filho de um pastor com o herdeiro do trono. "O filho de um pastor que adquiriu sabedoria é de maior valia para uma nação do que o herdeiro do trono, se este for ignorante. O saber é teu verdadeiro título de nobreza, não importa quem seja teu pai, ou a raça a que pertenças". E acrescenta: "Um homem justo causa mais mal ao Demônio que um milhão de crentes insensatos. Uma pequena cultura atuante vale infinitamente mais que uma grande cultura ociosa".

Se a mente e o coração estiverem intranqüilos, o guerreiro estará vulnerável. Derrotado antes mesmo de empreender a luta. Tudo que merecer providências não merece preocupação. Tudo o que necessita de solução não necessita aborrecimento, requer ação. Um guerreiro não é doce, é exato. Não utiliza rodeios, é direto. Sua previdência é cortante. Acostumado a detectar insídias, suas conjecturas também são breves para que a ação seja oportuna. Sem o mel enjoativo dos bajuladores ou inseguros, sua doçura surge nos momentos apropriados. Sua doçura natural é como a do limão, somente conhecida pelos corajosos que superaram o azedume e a amargura superficial.

Se houver dor no coração do guerreiro, seu olhar poderá se desviar do alvo e sua mente suportará até o limite individual, depois disso enfraquecerá. É preciso força e determinação para manter a mente focada, sem distorção. A sabedoria dá sustentação à mente e o conhecimento da verdade liberta-a da repetição inconsciente. Se desejos, dúvidas, remorsos e necessidades começarem a despontar no corpo e na mente do guerreiro, ele se cansará facilmente, acreditando em humilhações, chacotas, ou em elogios sedutores. Repetirá os mesmos erros, deixando que o fluxo da vitalidade escorra pelos vales de seus condicionamentos. Curvar-se-á sobre si mesmo, sobre a dor, iludido, acreditando ser o fim. Uma tonalidade cinzenta empalidecerá seu rosto, aprofundando o sentir. Um sentir diferente e desconhecido. E outros conteúdos emergirão, encontrando espaço para mostrar a sua face. E o guerreiro sentir-se-á aprisionado, perdendo a liberdade e o brilho no olhar; e não será mais um guerreiro. Guerreiros são livres. E quem é guerreiro sabe que não dá para ser diferente. Porém, esses conteúdos precisam encontrar a saída, necessitam espaço para sua linguagem e tempo para sua saciedade, mas não devem dominar a consciência do guerreiro.

A dor converge instantaneamente toda vitalidade para o sofrimento e remove do campo mental todo pensamento que não seja a dor. A dor torna-se mais forte que qualquer outro estímulo, assim como as paixões e os vícios. Há momentos em que a dor torna-se o próprio combustível para a ação. É tudo ou nada em sua impulsiva conduta. Porém, quando existe algo ainda mais intenso que a dor física ou emocional, o guerreiro a esquece e mesmo estando debilitado ou mortalmente ferido, é capaz de superar-se e agir bravamente para salvar, honrar ou encontrar. É resiliente.

A resiliência mantém a chama de vida no coração do guerreiro, para que não se apague diante da dor e possa continuar sua trajetória. A resiliência envolve processos que abrangem o sistema de crenças, padrões de organização e processos de comunicação. Pode significar adaptação ou pode promover a transformação necessária. A capacidade de adaptar-se preserva a saúde do corpo e da mente, mantém a flexibilidade, a versatilidade, e a possibilidade de transformar-se e transformar o ambiente e as situações, promove a criatividade, autonomia, liberdade, realização e transcendência. O adoecer indica uma adaptação reduzida entre as demandas dos papéis representados na vida exterior – família, profissão, sociedade – e as exigências de sua natureza interna (Jung, 1981). A doença indica que algo foi esquecido ao longo do desenvolvimento pessoal, e os sintomas revelam o que foi negligenciado e que pode ser reintegrado, aceito ou curado.

O guerreiro que sobrevive, mesmo dilacerado pela dor, reúne suas desmembradas esperanças num escudo concreto que o endurece para continuar a lutar. Ele não perde a sensibilidade, apenas muda para o estado sólido o que antes era quase rarefeito. Por momentos, o guerreiro sente-se perdido, amedrontado, envolto em trevas. Quando sua revolta, sua indignação pela atitude alheia ou seu nojo por sua própria omissão recobram-lhe a força de seu caráter e o seu dever – o *dharma* –, o guerreiro se levanta, não pensa, não sofre, não luta mais contra si mesmo. Cumpre o *dharma* não porque espere algo, mas, simplesmente, pelo privilégio de cumpri-lo. Sabe que o *dharma* é maior do que ele. Essa compreensão, gera uma força insuperável. Os Cavaleiros Templários sabiam disso e tinham como divisa: "Faz o que deves, aconteça o que acontecer". A dor, a tortura física ou psíquica não poderia ser desculpa para não agir. A cruz vermelha nos mantos brancos dos cavaleiros era sinal do martírio aceito.

O guerreiro treina décadas para ter um momento de lucidez. Vence e perde muitas vezes, para depois se render ao seu verdadeiro Ser. Em sua disciplina diária, procura renunciar à busca da perfeição como conquista e vê-la como graça, concessão ou descoberta, num contínuo processo que valida os passos anteriores e impulsiona a caminhada até o último instante de vida. É um caminho e um modo próprio de trilhá-lo, jamais um fim determinado, estático, estável, morto, como um altar decorativo sem orações diárias. Uma perfeição que supera a idealização das exigências pessoais e sociais e, no âmbito do universal, reflete-se na harmonia dos paradoxos. Uma perfeição que absorve em si mesma o conceito de imperfeição e que o aproxima de sua totalidade. Assim, o guerreiro manifesta a HUMILDADE necessária para equilibrar o seu orgulho natural. O guerreiro universal não se satisfaz com as conquistas no mundo, sabe que elas não são as verdadeiras conquistas. A força da sobrevivência faz com que na devastação se revele a beleza, sobressaindo a singularidade, uma conquista da vida que anima a alma.

Semelhante ao rio, no processo de individuação destaca-se o movimento, a contínua transformação e a renovação, a qualidade dinâmica. Acompanha o indivíduo do momento em que nasce até o envelhecimento e leva ao conhecimento consciente da totalidade. É a tomada de consciência, em que aspectos inconscientes tornam-se conscientes. A recordação da origem divina redireciona e confere novo significado à ação humana, pelo contato com a imagem de Deus em si mesmo. O batismo pode ser visto como despertar, tomada de consciência. A água promove a limpeza, a purificação da ignorância e da inconsciência de si mesmo para que a imagem de Deus no homem possa refletir inteiramente.

O rio abarca suas margens, a vida subjacente em suas águas, os pescadores que sobrevivem de seus peixes, os que nadam e navegam, os pintores que retratam os belos momentos de seu curso, os que lhe lançam pedidos e promessas, ou aqueles que encontram nas profundezas do rio a sua última morada.

Entre as lendas brasileiras, há uma que narra a história do guerreiro Ajuricaba. Conta-se que um valente cacique de uma tribo da nação dos manaus estava infeliz porque seu filho não se mostrava atraído pelo manejo do arco e da flecha e não gostava de caçar como os outros jovens indígenas. Vendo o filho crescer isolado e estranho, o velho cacique se consolava no grande rio, apreciando suas águas bulhentas e corredias. Certo dia, os homens brancos chegaram à aldeia e o cacique fez amizade com eles, fumando o cachimbo da paz. O filho, que já era arredio, ficou pior ao ver os estrangeiros em suas terras e partiu para a selva. O velho cacique, sem a sensibilidade do filho, acabou por amaldiçoá-lo. Mas não tardou para que os homens brancos viessem armados disputar as terras indígenas. Mesmo reagindo, o velho cacique não se sentia em condições de comandar os manaus e lutar contra os invasores. Perdoou intimamente o filho e mandou chamá-lo para liderar a guerra. O filho voltou e à frente dos guerreiros, enfrentou destemido a força do inimigo e os espantou de suas terras. Sua coragem, determinação e inteligência tornaram-se perceptíveis ao velho cacique. Ajuricaba passou a ser então um grande chefe da tribo dos manaus. Sua perspicácia o levou a negociar com os holandeses, que naquela época rivalizavam com os portugueses, adquirindo objetos úteis como o facão. Mas o destino espreitava e a morte já disputava o abraço do guerreiro. Quando Ajuricaba viu-se preso, sem saída, lançou-se decididamente com seus pesados grilhões no rio Amazonas, levando todos a chorar em suas margens o guerreiro perdido, o libertador de seu povo. Ajuricaba, como todo guerreiro, nasceu para ser livre, jamais aceitaria o cativeiro imposto pelo homem "civilizado" que vinha de terras estrangeiras invadir e usurpar as riquezas de sua terra natal. O grande Cacique Ajuricaba ficou conhecido por resistir à tentativa portuguesa de escravizar a nação indígena na Amazônia e seu auto-sacrifício foi o último protesto à dominação portuguesa no século XVIII.

Quase todo grande rio tem uma lenda de igual importância. O rio Ganges, ao norte da Índia, é considerado como o rio que flui do céu para a terra através dos cabelos de Shiva, o Rei dos Iogues, e deus do trimurti hindu, que representa o aspecto da destruição, renovação e transformação, o que destrói a ignorância para libertar a espiritualidade latente. Esse foi o rio que não se rendeu ao exército grego, liderado por Alexandre. Na verdade, Alexandre nunca atravessou suas margens e recuou, buscando outras terras para continuar suas conquistas.

Simbolicamente, ao proclamar a independência com o famoso grito "Independência ou morte", o príncipe regente D. Pedro I no dia 7 de setembro de 1822 libertou o Brasil do domínio de Portugal, apoiado pela elite brasileira. Esse gesto é conhecido como o "Grito do Ipiranga", por ter ocorrido às margens do Rio Ipiranga, no estado de São Paulo. O fato de ter sido uma maquiagem ou ficção em cima de uma necessidade política, tendo em vista as mudanças mundiais, e não uma manifestação para o povo, não tira do "Grito do Ipiranga" a oportuna beleza, trazendo uma imagem de força e libertação, agregando elementos simbólicos como o rio - ainda que pequeno, o cavalo, a espada e o guerreiro. Nosso hino perpetua essa imagem no coração dos brasileiros logo em seus primeiros versos, e produz o mesmo entusiasmo até nas pessoas impossibilitadas de ouvi-lo, como na inesquecível apresentação do Hino Nacional na Língua Brasileira de Sinais em comemoração à Semana da Pátria em 2004:

Ouviram do Ipiranga às margens plácidas
De um povo heróico o brado retumbante,
E o sol da Liberdade, em raios fúlgidos,

Brilhou no céu da Pátria nesse instante.
Se o penhor dessa igualdade
Conseguimos conquistar com braço forte,
Em teu seio, ó Liberdade,
Desafia o nosso peito a própria morte!
Ó Pátria amada,
Idolatrada,
Salve! Salve!
Brasil, um sonho intenso, um raio vívido
De amor e de esperança à terra desce,
Se em teu formoso céu, risonho e límpido,
A imagem do Cruzeiro resplandece.
Gigante pela própria natureza,
És belo, és forte, impávido colosso,
E o teu futuro espelha essa grandeza
Terra adorada,
Entre outras mil,
És tu, Brasil,
Ó Pátria amada!
Dos filhos deste solo és mãe gentil,
Pátria amada,
Brasil! (...)[12]

Dom Pedro entrou como herói no panteão da liberdade, em uma lista encabeçada pelo patrono cívico da nação brasileira Joaquim José da Silva Xavier, o Tiradentes (1746-1792), que foi o líder-mártir dos conjurados na luta para separar o Brasil de Portugal. Ajuricaba e tantos outros, como Araribóia, também deveriam encontrar seu merecido lugar como heróis legítimos de nosso povo, defendendo a terra e a liberdade.

O Brasil, como um gigante adormecido, assemelha-se a uma pessoa cujo poder foi adormecido, e sonha com alguém distante para salvá-lo, para dar-lhe aquilo que ele julga não possuir. E porque acha que não possui, também não utiliza e vende-se facilmente para o primeiro

[12] - *Hino Nacional Brasileiro, oficializado pelo Decreto n. 171 de 20 de janeiro de 1890. Poema de Joaquim Osório Duque Estrada e música de Francisco Manuel da Silva.*

que lhe estende a interesseira mão, espelhando tudo que almeja. Cada cidadão brasileiro, como um guerreiro, poderia reverter a idéia costumeira de desvalorizar o que é nacional, assumindo a parte que lhe cabe na situação do país, essa terra adorada, abençoada parcela de Deus que nos abriga.

A hora cívica soa, por vezes, como a dança frenética das bandeiras qual o anseio de um povo esquecido que vai de um lado para o outro sem rumo definido. Segue o ritmo interno de hinos variados e nas palavras repetidas ausenta-se o significado. A sinfonia destoada dos cordões nos mastros lembram aqueles governantes que elevam do povo as esperanças, mas que cedem aos impulsos do poder ou carecem da honra intitulada. E no fim, quando o silêncio pode ser preenchido pela conversa habitual, o olhar constata que já não há vento a tremular bandeiras, porque quase já não há homens para levantá-las.

A MONTARIA

Nascerá nas trevas a tua luz
E as trevas tornar-se-ão como o meio-dia.
Isaías 58:10

Grandes guerreiros da história deixaram registradas também a fama de seus cavalos, como um importante aliado nas batalhas que travaram. A sintonia entre cavaleiro e cavalo potencializava a força de ambos e os tornava invencíveis. Bucéfalo foi um dos grandes cavalos a fazer história, juntamente com seu dono, Alexandre, o Grande. O modo como foi domado possibilita uma analogia sobre o medo da sombra. O cavalo, que mais parecia uma fera, foi oferecido ao pai de Alexandre, e quando o animal iria ser testado, ninguém o conseguiu montar. Alexandre, inquieto com a situação, lançou o desafio de domar Bucéfalo, que tinha medo da própria sombra e das pessoas que se aproximavam dele. Alexandre virou-o na direção do sol, de modo que a luz impedisse a visão das outras pessoas e a percepção de sua sombra. Acariciou-lhe a testa e sussurrou algumas palavras em seu ouvido, depois rapidamente o montou. Em meio a corcovas e coices, Alexandre controlou o animal. Aos poucos, o cavalo foi acalmando-se e sentindo quem o dominava. Foram parceiros por quase 20 anos. Quando Bucéfalo morreu, recebeu todas as honras militares e uma cidade, Bucefália, fundada em sua homenagem.

A montaria pode ser vista como veículo, instrumento, corporalidade, instinto, concretude, onde a parte abstrata, sutil, volitiva, intencional, emotiva e intuitiva pode manifestar-se. A ameaça da própria sombra pode ser comparada com a não aceitação dos aspectos negativos, aqueles que destoam da persona que se deseja dar a conhecer. Ao direcionar o olhar para a luz, a fixação sobre o medo se desfez. A luz do sol proporcionou uma nova escuridão, um desconhecer, um não ver, para que o controle pudesse ser entregue às forças pró-ativas, representadas pela consciência do cavaleiro, que potencializariam a energia desgovernada ou estagnada em padrões repetitivos de luta e fuga.

No hinduísmo, os deuses utilizam montarias específicas, que complementam o poder que manifestam. Shiva monta o touro branco, Nandi, que personifica o poder da alegria conquistada pelo controle da força física e da impulsividade, e pela aquisição do autoconhecimento. A alegria, a dança e o movimento aparecem como forças fundamentais à criação e às transformações inerentes à vida. Shiva representa a renovação e a transformação, destruindo os grilhões que aprisionam a consciência à matéria e rompendo os véus de ilusão e conceitos que impedem a expressão plena da luminosidade da alma e o retorno consciente ao seu estado original. O deus Ganesha, filho de Shiva e Parvati, é o senhor do *dharma*, o deus dos exércitos e considerado como aquele que remove obstáculos. Ganesha, o deus com cabeça de elefante, utiliza um rato como montaria. O rato, Mushika, propicia ao deus a agilidade e a versatilidade para chegar a qualquer lugar e realizar seus propósitos, levando a graça do deus a todos os lugares. Traz também a conotação de abundância, fecundidade e roubo. Ganesha também manifesta-se em variadas formas, sendo uma delas a de Vira Ganapati, o guerreiro valoroso, que porta em seus dezesseis braços toda variedade de armas; e outra, a de Uddanda Ganapati, como aquele que corajosamente faz cumprir o *dharma*, as leis do ser. Karttikeya (Skanda), o deus da guerra, também filho de Shiva e Parvati, utiliza um pavão como montaria. O pavão simboliza a imortalidade, a união dos contrários, a beleza e o poder de transmutação. "O pavão de Skanda é certamente um destruidor de serpentes (isto é, das ligações corporais, e também do tempo). Mas a identificação da serpente com o elemento água confirma o parentesco do pavão com o Sol, com o elemento fogo, o antitérmico da água" (Chevalier, 1996:693).

Atualmente, o que seria montaria para um guerreiro? Vai depender da atividade exercida. Pode ser um carro, uma moto, um cavalo, ou um instrumento de trabalho como uma caneta, computador etc.; um local de trabalho onde permaneça a maior parte do tempo; seu modo de expressão, como a linguagem escrita ou falada; seu corpo, sua mente. A montaria é algo que está sob o domínio e cuidados do guerreiro e que o auxilia a cumprir seus propósitos, potencializando suas habilidades.

A PILHAGEM

Esta vitória me parece uma grande derrota!
Há um inimigo, um somente, e é a ignorância.
Mahabharata

Os guerreiros vencedores de uma batalha se davam ao direito de pilhar os bens do inimigo. E em épocas em que a vida humana tinha pouco significado, muitas pessoas perderam suas vidas durante os atos de selvageria que se seguiam à pilhagem. Já ouve épocas que um bom cavalo valia mais do que a vida humana, como no tempo dos mongóis chefiados por Gêngis Khan, um dos maiores conquistadores de todos os tempos. Os mongóis eram nômades tribais na Ásia Oriental que foram unificados por Gêngis Khan no século XII. Talvez o caráter errante dos mongóis não lhes permitisse valorizar as cidades erigidas por povos civilizados, porém, aos poucos, foram assimilando a cultura das terras conquistadas. Durante a era de ouro da Índia, Tarmelão, um implacável chefe turco-mongol que afirmava descender de Gêngis Khan, pilhou a cidade de Delhi, bem como outras cidades indianas, onde massacrou seus habitantes e capturou grande parte dos artesãos, levando-os para suas terras e se apropriando do fruto de talentoso trabalho (Savelle, 1968).

A pilhagem expressava a cruel intenção de desqualificar o inimigo, subjugá-lo, ultrajar seus valores e conquistas no âmbito da religião, da cultura e do desenvolvimento, sendo também uma espécie de catarse para os violentos e contraditórios sentimentos contidos nos guerreiros. Os conquistadores se apropriavam de tudo que pudesse ser útil ou do que simplesmente os agradava. No entanto, guerreiros éticos se apropriavam dos bens materiais e semoventes e poupavam vidas inocentes. Conta-se que Alexandre da Macedônia sempre tratava com delicadeza as prisioneiras. A pilhagem dava à vitória um cunho de concretização, finalização, ocupação e usufruto das posses do adversário. Incorporar os valores do inimigo fortalecia a quem os havia vencido. O filósofo evolucionista, jesuíta e paleontologista francês Teilhard de Chardin (1881-1955), em seu livro *O Fenômeno Humano*, reforça esse entendimento "por mais brutal que seja a conquista, a supressão é sempre acompanhada de alguma assimilação. Mesmo parcialmente absorvido, o vencido reage ainda sobre o vencedor para o transformar" (p.222). Alimentar-se do inimigo em práticas canibais, ou exibir seus despojos, eram formas de alardear a superioridade alcançada. Porém, cada guerreiro se detinha naquilo que julgava mais importante, não que necessariamente o fosse. Na pilhagem, a estreiteza moral e espiritual se tornava evidente. Até Jesus Cristo foi vítima de pilhagem. Os soldados repartiram sua roupa e tiraram a sorte sobre sua túnica. Quanto mais valoroso e diferente era o inimigo, mais valiosa a vitória.

Também nos dias de hoje, quanto maior o obstáculo, mais importante a conquista. São as dificuldades que evocam o potencial de um vencedor. Não há necessidade de invalidar ou destruir tudo que foi erigido pelo adversário. Somar as conquistas do adversário é uma forma superior de pensar. Isso se aplica a toda variedade de concorrência. Trata-se de um princípio de economia e maturidade. E quanto à prática da pilhagem de maneira ostensiva, esta foi proibida pela Convenção de Genebra relativa à proteção das pessoas civis em tempo de guerra, datada de 12 de agosto de 1949, em seu artigo 33. No entanto, a pilhagem subsiste de modo sutil e a inveja pode ser vista como uma perigosa prática, em que a vitória que a precede e a enseja é a da própria vítima. A apropriação do conhecimento, de cargos, da autoria de projetos e idéias, a imitação de interesses e estilos alheios aclamados e todos os artifícios para a concretização de objetivos escusos, podem ser vistos como pilhagem. O invejoso, quando não consegue ter o que o outro tem, nem fazer igual ou melhor, tenta parecer-se com o invejado, para ser como ele, para ser ele e, como isso não é possível, tenta difamá-lo e destruí-lo. A energia criativa da pessoa invejada é o alimento visado pelo invejoso. As relações em que predominam esse tipo de comportamento são destrutivas para ambos.

O alerta de Maquiavel, em *O Príncipe*, sobre o perigo de usurpar os bens e a honra do povo conquistado que se desejava ter sob controle é bem atual, tanto em nível pessoal quanto social. A morte facilmente se esquece, mas a visão dos próprios bens nas mãos de outros é o suficiente para manter acessa a chama do ódio e o objeto pilhado sempre acaba atraindo nova pilhagem.

O DHARMA

Costuma dizer Napoleão que a vitória não está nas pernas do soldado:
está-lhe na alma. As pernas, diante do perigo, tendem a correr.
O que as contêm é o brio, o dever, a alma do homem.
Se as melhores tropas são susceptíveis de pânico, provado está, contudo,
que o pânico é tanto mais raro quanto mais elevado for o moral do exército.
Ruy Barbosa

A principal motivação do guerreiro, além de aprender, advém do simples fato de ser guerreiro, de cumprir seu *dharma* momento a momento. Cumprir o que somente a ele compete, no propósito de sua vida.

> *Finalmente, lembra-te que é melhor cumprir a própria tarefa, ainda que seja humilde e insignificante, do que querer fazer a tarefa de um outro, por mais nobre e excelente que seja. É melhor morrer no cumprimento do seu dever, do que viver negligenciando-o e querendo fazer o que a outros compete fazer. (Bhagavad Gita III:35)*

O *dharma* para o guerreiro tem a força de um instinto, só diferindo deste em razão de sua aquiescência. O guerreiro ama o que faz, não o faz por obrigação. É livre para seguir e defender o ideal que acredita. O guerreiro que apenas cumpre suas obrigações rotineiras para agradar aos outros permanece medíocre. Aquele que ama e se satisfaz em desempenhar bem suas atividades acrescenta um diferencial às coisas mais simples. Esses se destacam mesmo em tarefas humildes e anônimas.

O guerreiro vive ou morre pelo *dharma*, pouco importa, e nada há que o impeça. Servindo à intencionalidade da vida torna-se um legítimo guerreiro. O *dharma* e o guerreiro se misturam, como o dever e a ação. Um é a essência do outro. O *dharma* de um guerreiro funde-se com sua trajetória e é ao mesmo tempo a força que o sustenta neste mesmo caminho. O *dharma* pressupõe um modo, uma função, que, por sua vez, pressupõe um *dharma*. O *dharma* também pode ser visto como uma vocação, um chamado, um percurso, um nobre ideal, uma causa, o sentido de sua vida.

> *Por mais importante que seja para o homem ganhar o seu sustento e, na medida do possível, fundar também sua família, contudo nada terá conseguido com isso se não realizar o sentido de sua vida (Jung, 1981).*

> *Que necessitas de Deus, mais do que tudo, sempre o sabes em teu coração: porém, não sabes também que Deus necessita de ti, de ti na plenitude de sua eternidade? Como existiria o homem se Deus não tivesse necessidade Dele, como tu existirias? Necessitas de Deus para existir e Deus tem necessidade de ti para aquilo que, justamente, é o sentido de tua vida (Buber, 1979).*

O *dharma* se expressa de várias formas, e as principais são: lei universal, leis sociais, obrigações vinculadas aos papéis desempenhados e lei pessoal. O *dharma* compreende a natureza física, mental e emocional de cada indivíduo e utiliza também os resultados positivos e negativos de suas ações, muito embora os efeitos negativos, como tendências repetitivas, tornem-se *adharma*, desviando o guerreiro de sua meta.

> Dharma *é a natureza mais íntima, a essência, a verdade implícita de todas as coisas.* Dharma *é o propósito último que age dentro de nós mesmos. Quando se faz algum mal dizemos que o* dharma *foi violado, significando com isso que a mentira atingiu a nossa verdadeira natureza (Tagore, 1994:65).*

No corpo, cada célula representa uma unidade autônoma, com funções específicas, participando da totalidade do indivíduo. Podemos dizer que as células também possuem *dharma*. Como pequenas unidades de consciência, precisam manter-se em harmonia com o conjunto. Se perderem a conexão, se "esquecerem" sua função, criarão o caos, a doença e o sofrimento. Por ser a doença um engano, um desvio da função natural, alguns caminhos espirituais a consideram como uma mentira, um sonho. Entender a função de cada órgão, observar a coerência entre o estilo de vida e o propósito de cada pessoa pode ajudá-la a perceber onde ocorre o desvio.

Quando o guerreiro cumpre o *dharma* não agrega para si o elemento emocional de odiar a quem tem o *dharma* oposto, vendo-o apenas como um momentâneo adversário. Na engrenagem do *dharma*, algumas rodas denteadas giram num sentido e outras no sentido inverso, para que o mecanismo possa se movimentar. Tanto a engrenagem quanto o movimento e a força gerada ultrapassam a percepção de cada peça isoladamente. Para transcender o conflito é necessária a visão do jogo de peças que compõem a engrenagem, incorporando o sofrimento do injustiçado e de quem comete a injustiça. Uma espécie de crucificação, unindo eixos opostos na altura do peito.

> *Quando começamos a perceber que o inimigo sofre, aí está o início da compreensão. Quando virmos em nós o desejo de que o outro pare de sofrer, esse é um sinal do verdadeiro amor. (Thich Nhat-Hanh, 1993:147)*

> *Ó Arjuna! Felizes são os Kshatriyas que são chamados para lutar por uma causa justa, sem que a tenham provocado. Uma batalha justa abre, na verdade, as portas do céu. (Bhagavad Gita II:32)*

Um sorriso, misto de alegria e alívio, espanto e pureza, pode bailar nos lábios do guerreiro quando o *dharma* é cumprido. Vencer a si mesmo para melhor cumprir a vontade divina é sua fonte de satisfação. "Todo guerreiro que usa força física ou espiritual para defender uma causa justa sempre adquire para a sua alma um contentamento celestial" (Yogananda, 1995). Quanto ao ideal de viver conforme a razão, a ética, o senso de dever e a vontade divina, o guerreiro manifesta o ideal estóico. Quanto à satisfação pelo caminho escolhido, pelo prazer, pelo sentido de urgência e brevidade da vida, o guerreiro também manifesta características epicuristas. Ou seja, o guerreiro é capaz de conciliar escolas filosóficas rivais ao sentir que cumprir o dever é mais que cumprir uma obrigação, é uma opção pela felicidade que essa ação proporciona. O dever sem a satisfação, sem o prazer de cumpri-lo, gera negligência, entraves desnecessários e resistência improfícua. E a busca do prazer pelo prazer gera indolência, entorpecimento das faculdades intelectuais, excessiva permissividade, ausência de limites, luxúria, abuso e desrespeito. Hércules, antes de iniciar seus doze trabalhos, esteve diante de uma encruzilhada: de um lado, acenava-lhe a deusa do prazer, de outro, a deusa do dever. O herói grego escolheu o caminho do dever e encontrou, além do sacrifício, a imortalidade.

O sentido de JUSTIÇA no guerreiro também vai se expandindo ao longo de seu caminho. Ele parte do desejo de justiça pessoal ou familiar para a justiça universal. O desejo de justiça no nível da personalidade, decorrente das pequenas frustrações do dia-a-dia, é redimensionado. O guerreiro pode chegar ao ponto de perceber que o "mal" que tanto combate em si mesmo ou na sociedade, está, em última instância, "trabalhando" para o bem maior, para o despertar e para o equilíbrio da vida, fortalecendo aqueles que o combatem.

Diante dos conflitos, quanto mais o guerreiro se aprofunda nas práticas espirituais, no intuito de estar cada vez mais desperto à única realidade, será cada vez menos afetado pela ilusão. Com o despertar, o universo é percebido como essência de si mesmo e do outro e desaparece a ilusão da distância, do tempo e da diferença. Tudo passa a ter proveito e significado, ainda que confuso ou oculto, quando visto de modo mais abrangente qual lucerna a dirimir a escuridão de um cômodo. O *dharma* é a própria vida, não é bom nem mau, transcendente aos limitados conceitos de nossas racionalizações. E como princípio, se auto-regula e se auto-sustenta nas intenções que lhes são próprias.

Segundo o Bhagavad Gita, o maior *dharma* de um *kshatriya*, guerreiro, é a vitória sobre os sentidos e o domínio de si mesmo. O guerreiro fortalece a mente para libertar-se da escravidão dos sentidos, sem, contudo, negá-los, e comunga com o espírito, sua própria essência, para superar as sugestões limitadoras da mente. Com a espada do discernimento e determinação é capaz de cortar as raízes de impressões sutis armazenadas em sua mente que o levam a repetir padrões de pensamento e comportamento prejudiciais no relacionamento com os outros e na relação consigo mesmo.

O guerreiro também precisa manter-se animado diante da complexa necessidade da humanidade, reconhecendo a importância de sua contribuição no âmbito de sua possibilidade. Deve evitar colocar sobre si atribuições alheias ou descabidas. Ao desejo de abarcar o peso do mundo segue-se o inevitável sentimento de impotência e inferioridade que, na verdade, também antecedem a tal desejo. Uma fantasiosa onipotência compensando fragilidade, culpa e auto-afirmação.

Na mitologia, a missão do guerreiro ou herói é associada à morte do dragão. A representação do dragão é ambivalente e varia nas descrições do ocidente e do oriente. Expressa o mal, a ignorância, o ódio, as trevas, a sombra e, por outro lado, o potencial divino e criativo, a prosperidade, podendo ser também o guardião de tesouros como a imortalidade, o dragão escondido, não-manifesto.

Ryu-o, o Rei-dragão no Japão, era o guardião da consciência suprema, Ame-no-murakumo, e era considerado um avatar. Semelhantes às serpentes, *kundalini*, os dragões incorporam a energia vital do universo que, quando canalizada, concede a iluminação. São femininos ou masculinos, *nagakanya* e *nagaraja* respectivamente (Stevens,1998). A ameaça do dragão é proporcional ao tesouro que guarda e ao poder contido.

O dragão conjuga os quatro elementos (terra, fogo, água e ar), seja em seus movimentos sobre a terra, no mar, em cavernas ou voando, ou nas características de seu corpo, como cuspir o fogo do inferno, cuspir as águas primordiais ou cuspir o ovo do mundo.

> *Todos os dragões de nossa vida são, talvez, princesas encantadas, que esperam ver-nos belos e bravos. Todas as coisas terrificantes podem ser, apenas coisas inermes que esperam socorro de nós (R.M. Rilke, Cartas a um jovem poeta). O dragão está primeiro em nós. (Apud Chevalier, 1996:352)*
>
> *O dragão que deve ser morto é o complexo materno negativo. O dragão devorador é a mãe devoradora e a violência do confronto é proporcional ao domínio tirânico da mãe, um domínio que suga a energia do filho. Quando o complexo materno é superado, o homem está livre para desenvolver o lado feminino da sua personalidade. (...) Mas como sua feminilidade inicialmente é identificada com a mãe, é essencial para o crescimento psíquico que essa identificação seja rompida e que a anima seja separada da mãe. Quando tal separação ocorre, o filho é capaz de estabelecer um relacionamento maduro com uma mulher, no qual ela não seja nem idealizada, nem degradada. (Von Franz, 1993:107).*

O ovo do mundo ou ovo cósmico também é polarizado: parte feminina, parte masculina; dando origem ao andrógino, a força dupla que subjuga o dragão. O dissolvente e o corpo dissolúvel como totalidade, diferenciados apenas em manifestação, não em origem.

O ovo, como símbolo da consciência, representa a grande conquista do guerreiro, a jornada de sua vida, a busca e a descoberta do Graal, a partida e o retorno consciente em sua odisséia, sua individuação. A individuação é um fim em si mesma. O feminino, a anima no homem, a alma, tem o poder de levar o indivíduo a instâncias mais profundas e ao verdadeiro conhecimento de si mesmo. Inúmeras odisséias tiveram como meta o resgate ou o encontro da mulher amada, como Sita para Rama e Beatriz para Dante. O homem sem o seu lado feminino permanece embrutecido e emocionalmente infantilizado, projetando inconscientemente a mãe nas parceiras e reagindo como reagia com sua mãe.

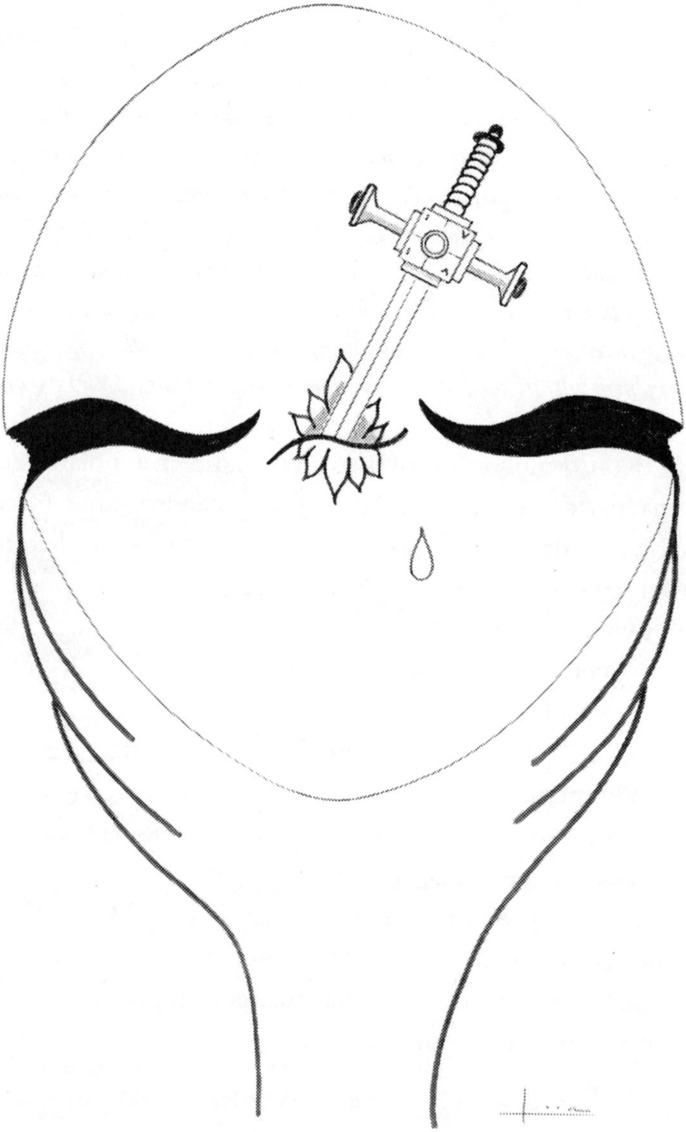

Capítulo

IV

O REPOUSO DO GUERREIRO

Rompi as amarras que me prendiam,
paguei as minhas dívidas, e a minha porta se abriu.
Vou-me embora para todos os lugares!
Eles continuam em seu canto, encolhidos,
tecendo a pálida roupa de suas horas,
ou tornam a sentar-se no chão e me chamam de volta.
Mas eu já forjei a minha espada,
vesti a minha armadura, e o meu cavalo se impacienta.
Vou conquistar o meu reino.
Tagore

OS COMPANHEIROS E A RECIPROCIDADE COM O MEIO

A vitória de um homem consagra o esforço de muitos que o precederam. A vitória de um homem é a vitória de todos. Guerreiros verdadeiros desenvolvem um sentimento de lealdade e amizade por seus companheiros. Um sempre pronto a morrer pelo outro, como se defendessem àquele a quem mais amam.

Um guerreiro não tem obrigação de tornar-se herói. O desejo de tornar-se herói popular para coroar seus esforços e alcançar respeitabilidade é imaturo. Não tem origem no *dharma*, mas em carências emocionais, vingança pessoal ou orgulho. Se fizer parte de seu *dharma* tornar-se herói, assim será. Ele não precisará desejar. O *dharma* é sempre fluido, atua sem esforço ou tensão e nada pode contê-lo. E se não fizer parte, esse desejo marcará suas conquistas diárias com cicatrizes desnecessárias de frustração e impotência. Um *dharma* dessa amplitude está sempre vinculado à necessidade coletiva.

Quando o guerreiro se torna herói ou salvador, é bom que tenha consciência de que o meio também o promove, juntamente com a ação de seus companheiros. A massa, embora inconsciente, projeta o seu próprio heroísmo no eleito, naquele que no momento reúne melhores condições para expressá-lo. Não significa ser o melhor ou o único. O guerreiro, como símbolo, não é necessariamente um indivíduo, mas a somatória de todos. Como no âmbito pessoal, o guerreiro não é apenas um aspecto, e sim uma atitude, uma intencionalidade ou uma necessidade, fruto de partes conscientes de si mesmo.

Heróis mitológicos matavam dragões, agora os dragões simbolizam a fome, a dor, a doença, o condicionamento, os desafios da vida que fortalecem os que sobrevivem, transformando-os em heróis do cotidiano. Para Gibran (1972), "todo dragão dá nascimento a um São Jorge, que o mata", demonstrando a reciprocidade entre causa e efeito, função e órgão, em óbvia causalidade circular. A linearidade causal é incapaz de explicar a complexidade das relações. Em física quântica o princípio da "Hierarquia Embaraçada" evidencia a mútua influência e a intervenção consciente entre sujeito e qualidade. O dragão pode retratar uma característica negada ou um potencial relegado.

O herói, seja guerreiro ou não, precisa ser grato e devolver à vida os frutos da força que o gerou. Assim estará apto a transformar o meio. Essa sabedoria mantém a adequação de seu orgulho guerreiro e mantém o ciclo da vida em eterno movimento. O herói representa a imagem ideal de alguém que desenvolveu amplamente o seu ego e realizou o *Self*, simbolizando mudança e autotransformação, num sentido transpessoal e coletivo. "O mito reflete a realidade transpessoal através dos eventos singulares da vida do herói" (Neumann, 1995:152).

O ciclo da vida une os opostos complementares, como o humano e o divino. Heróis mitológicos sempre trouxeram uma porção divina em sua humanidade, despertando o sentido de filho de Deus latente no ser humano. Poderes miraculosos ou corpo com características descomunais revestiram sua carne humana, colorindo os corriqueiros sentimentos com matizes diferentes. Alguns heróis manifestaram precocemente seus prodígios, foram perseguidos desde o nascimento ou cumpriram as profecias que os precederam. Nos comentários ao mito de Gilgamesh, Kluger (1999:27) salienta:

> *O herói é uma antecipação intuitiva do desenvolvimento para a consciência humana do divino no homem. A sua divindade é indicada pelas suas medidas e pelas suas qualidades sobre-humanas, e o alcance dos seus feitos e de sua sabedoria é uma medida do seu empreendimento na realização da tarefa cultural que o aguarda. O mito, assim, está sempre à frente do nível real da consciência do tempo, e dessa forma o herói é o símbolo ou o portador de um processo de mudança: para o homem moderno, o processo de individuação.*

Se a nação a que defende é invadida, ultrajada, o líder banido ou impedido de governar por um golpe de estado, o guerreiro não valida a suposta autoridade do novo líder, nem quando, por estratégia, finge-se submisso. A nação pode representar a psique cujo *Si-mesmo* foi deposto. O guerreiro aguarda o momento oportuno para agir, não age sob o impulso das emoções. Orgulha-se de sua lealdade. Isto lhe dá paciência para aguardar a indicação do momento adequado ou para criar a oportunidade. Sua agilidade e abertura auxiliam-no a perceber a oportunidade e se utilizar dela. Não espera estar perfeito para aproveitá-la. O momento em que ela surge é o momento certo. Deve-se estar sempre preparado, ainda que em treinamento e isso requer rapidez, não força; desapego, não controle. A necessidade de perfeição e controle, própria das mentes obsessivas, encontra dificuldade em perceber o momento certo. Preparação é um processo dinâmico, inconcludente e perceptivo, para criar e atender às necessidades do momento. Nesse sentido, quanto mais equilibrar suas características pessoais com seu contraponto, maiores chances terá de ser bem sucedido.

> *Se guerreiros ficam preguiçosos quando vêem que há benefícios a fazer, ficam na dúvida quando chega a hora certa de agir, livram-se dos males mas não conseguem manter a situação desse jeito, este é o caminho*

da estagnação. Quando eles são honestos e decentes, mesmo apesar de ambiciosos, polidos, mesmo quando favorecidos, fortes mas dóceis, flexíveis mas firmes, este é o caminho para prosperar. (Sun Tzu, 2001b:117).

Todo ato criativo, como nos lembra o físico indiano Goswami (2003:199) "pequeno ou grande, pode ser visto como uma culminação da jornada de um herói; o herói, em sua busca, penetra no desconhecido, obtém a revelação e retorna com um novo fruto: o processo criativo quintessencial". É por meio desse fruto que o guerreiro-herói transforma a si mesmo e a sociedade em que vive. Não é preciso grandes feitos, nem transformações quantitativas. Mudanças subjetivas profundas se materializam em qualidade de vida, abdicando comportamentos e pensamentos condicionados. Quando o fruto trazido pelo guerreiro-herói é assimilado, o universo se amplia. Um novo limite se rompe, liberando o potencial, promovendo o desenvolvimento e a evolução, possibilitando, inclusive, o salto quântico e a transcendência.

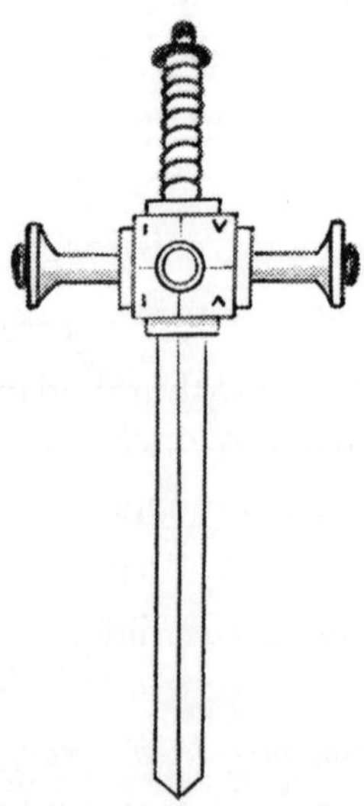

MISSÃO CUMPRIDA

Quando os guerreiros saíram pela primeira vez da mansão do seu senhor,
Onde haviam ocultado as suas armas? E que armas e armaduras possuíam?
Pareciam desprotegidos e pobres, e choveram setas sobre eles
no dia que saíram da mansão do seu senhor.
Quando os guerreiro marcharam de volta à mansão do seu senhor,
onde teriam escondido as suas armas?
Eles haviam abandonado a espada e jogado fora o arco e a flecha;
havia paz nas suas frontes, e eles haviam deixado atrás os frutos das suas vidas no dia que
marcharam outra vez de volta à mansão do seu senhor.
Tagore

A concretização da missão, e não a morte física, representa repouso do guerreiro. Simbolicamente, ele retorna à mansão do seu senhor como o filho pródigo retorna à casa do pai. As armas já não são necessárias. Muitas vezes, ao longo de sua trajetória, o guerreiro enfrentará também a morte simbólica de seus medos, apegos, desejos e tendências indesejáveis, até o amadurecimento ou morte de seu pequeno ego e a reconquista do domínio de seu verdadeiro Ser, o *Si-mesmo.*

Mas a morte física também tem seu lugar, voluntária ou involuntariamente, está sempre presente nas aventuras do guerreiro. Quantos guerreiros, heróis e heroínas, tiveram na morte sua apoteose? Esse é o momento em que o homem valoroso torna-se um mito.

Crenças religiosas, tendências subconscientes, cultura e experiências traumáticas, além do aspecto biológico, influenciam o sentido de vida e morte. Em *Macbeth*, Sheakespeare descreve na última cena a fala de Siward, Conde de Northumberland, general das forças inglesas indagando sobre seu filho, o jovem Siward, em completa demonstração de um nobre guerreiro.

- Vosso filho, meu senhor, pagou a dívida do soldado. Viveu até o momento de ser homem. Assim que seu valor provou que o era, no posto onde combateu sem recuar, morreu como homem.

- Então, ele morreu?

- Sim e levado foi para fora do campo de batalha. Vossa dor não

deve ser proporcional ao mérito dele, porque então seria infinita.

- Foi ferido pela frente?

- Sim, na fronte.

- Que ele, então, se torne o soldado de Deus! Tivesse eu tantos filhos quantos cabelos, não poderia desejar-lhes morte mais bela. E com isto soou o dobre de finados para ele!

O guerreiro não sabe quando se deparará com o destino. A todo instante a morte o espreita e ele não deve temê-la. "O herói não seria herói se a morte lhe suscitasse algum terror; a primeira condição do heroísmo é a reconciliação com o túmulo"(Campbell, 2002). O guerreiro, em missão, aprecia tudo de forma especial, pois tem consciência de que poderá ser a última vez. O guerreiro vive de seu agora, e isso o leva a aproveitar melhor a vida e as oportunidades que ela oferece, compreendendo também o que o momento requer. Quantos guerreiros deram suas vidas para completar uma estratégia que falhou, salvando assim seus companheiros? Cumpriram seus destinos ao perceber o que o momento exigia. Priorizando o coletivo, puseram o aspecto pessoal a seu serviço.

A morte voluntária, rechaçada em algumas culturas e aceita em outras, é considerada pelos guerreiros, em situações decisivas, uma forma honrosa de morrer. No âmbito religioso, por vezes, encontramos a segregação declarada dos despojos de uma pessoa suicida, bem como, aspectos nefastos vinculados à sobrevivência da alma e seu destino pós-morte.

O suicídio ritualístico no japão, *seppuku*, conhecido como *haraquiri*, era para o samurai uma forma de preservar a HONRA, quando não lhe restava nenhuma saída. Era uma forma dolorosa de morrer, em que o samurai tinha que demonstrar autocontrole. A honra vincula-se à lealdade e manifesta-se diferentemente em cada época e cultura. Atualmente, na carreira profissional, a honra pode ser preservada com um pedido de demissão ou colocando o cargo à disposição. Mas se o medo de não ter como sobreviver for o maior valor, não se falará em honra, tampouco em guerreiro. Será apenas mais um candidato à mediocridade; medroso, corrompido e manipulado por um sistema opressor, justificado por suas necessidades imediatas.

Será que atualmente o suicídio visaria inconscientemente preservar a honra, o direito a uma vida digna e saudável? Quantos abdicaram o direito de viver porque também não encontraram saída? Enquanto outros jamais lutaram por vivê-la, excluindo a própria responsabilidade. Outros porque foram irreparavelmente injustiçados. Há os que decidiram tirar a própria vida quando se viram diante da inevitável exposição de seus crimes e ainda aqueles que decidiram vingar-se de alguém ou da própria vida, em razão de suas perdas e frustrações.

O suicídio envolve motivos complexos e grandes pressões internas e externas. O grande sociólogo francês Emile Durkheim (1858-1917) enfatizava a questão da consciência coletiva, salientando a importância de contextualizar as consciências individuais para compreender as razões que conduzem ao suicídio. Correlacionando suicídio com enfermidade mental, não encontrou resultados significantes, ou seja, sociedades com alto índice de doenças mentais teriam também a maior taxa de suicídio, mas isso não se verificou. Concluiu que as altas taxas de suicídio eram relacionadas com o meio social externo.

Premeditado ou impulsivo, o suicídio envolve dúvidas sobre o que se deve fazer, certeza sobre o que se quer, muita dor e expectativas quanto ao que vem depois, o repouso ou um estado diferente. Mas no ato do samurai não havia dúvida, ele sabia o que devia fazer e nisso encontrava satisfação. Não visava o depois, vivia o agora, mesmo acreditando nas recompensas por haver cumprido bem o seu papel. Sua causa era justa. Esse ato não pode ser confundido com a covardia daqueles que usam o suicídio para se eximir de suas responsabilidades e culpas. Até porque, nas palavras de Shakespeare, em Júlio César II: "os covardes morrem muitas vezes, antes de morrerem verdadeiramente! O valente só uma vez prova a morte".

Às vezes, a solidão acompanha o guerreiro, pois muitos de seus amigos já se foram. Ele pode caminhar solitário, cansado, desejando repousar. Como Markandeya[13], que conquistou a imortalidade, mas cansou de sonhar vagando pelo mundo. O guerreiro já não vê graça no movimento e sente a monotonia dos sons de toda gente. Abaixa a sua espada e ora. Seus olhos pairam semi-abertos, seu corpo repousa quieto. Sua mente, distante da euforia e da tristeza, está calma, sem necessidades. Seu espírito alça um vôo sublime, acompanhado pelo último alento.

A face da morte revela a face autêntica de nossas vidas. Um guerreiro não pede para ser salvo, para que se prolonguem seus dias inutilmente, sendo que não há mais nada que possa fazer. Um guerreiro, digno desse nome, não renuncia o privilégio de estar consciente em sua última e esperada aventura. Esse também é um poderoso atalho quando o guerreiro reconhece a sua hora e sabe para onde direcionar a energia, os pensamentos e os sentimentos. A última tarefa também é a última entrega. O sublime ato de sua devoção para o qual dedicou a vida.

Ele está livre. Cumpriu seu *dharma*. Transcendeu a dualidade, tornou-se novamente Um. Atravessou a via régia do olho uno. Libertou-se do próprio conceito de ser guerreiro, expressando o Ser, o *Si-mesmo*. Já não é mais um guerreiro. É, aquilo que É, aquilo que sempre foi, Ele mesmo, e não outro. ("Eu sou o que sou" - Êxodo 3:14).

Nunca mais se é o mesmo diante do mesmo que se revela. A trajetória de um guerreiro é sua grande descoberta e o meio só tem a ganhar com pessoas livres e felizes. Harmonia carece de esforço, é, simplesmente! E isso promove a paz. Livre, inteiro, ativo e único. A conquista de cada guerreiro-pessoa-cidadão descortina nova dimensão à existência.

---

[13] - *Devoto de Shiva (um dos deuses da trindade hindu) que não desejando morrer ao chegar sua hora orou para este e obteve a imortalidade, porém, ao término da criação, vagava sozinho e desolado. Quando, então, Deus lhe aparece em forma de criança sorrindo aos pés de uma árvore e o chama de volta para si. "Markandeya está ouvindo este canto. Está ouvindo a respiração do Ser Supremo. É por isso que, sentado em solidão, não mais se preocupa em acompanhar o curso do mundo, não encontra mais prazer em perambular e observar o estado ideal das atividades humanas. Está livre (...) A melodia mais divina que se possa imaginar absorve-lhe toda a atenção." (Zimmer, 1989:46)*

CONCLUSÃO

Temos apenas de seguir a trilha do herói,
e lá, onde temíamos encontrar algo abominável,
encontraremos um deus.
E lá, onde esperávamos matar alguém,
mataremos a nós mesmo.
Onde imaginávamos viajar para longe,
iremos ter ao centro da nossa própria existência.
E lá, onde pensávamos estar sós,
estaremos na companhia do mundo todo.
Campbell

Qualquer indivíduo em sua caminhada existencial tem desafios a vencer, potencialidades a despertar, feridas a curar, e o sentido de sua vida para descobrir e realizar. O percurso é individualmente traçado, porém é interpenetrado pela trajetória de inúmeras pessoas. A sucessão de passos é única e solitária, ninguém pode fazer por outro, mesmo estando a seu lado. Quando o cliente percebe essa verdade, responsabiliza-se e pode tirar proveito de seu agora.

Tal consciência o estimula a agir, a crescer emocionalmente, a movimentar sua cômoda apatia ou a direcionar sua excessiva e improdutiva movimentação para o objetivo adequado. Como guerreiros, suas emoções começam a ser canalizadas durante o treinamento, que pode ser um tratamento, um caminho espiritual, um trabalho gratificante, um estilo de vida. O idealismo, a adoração específica a um símbolo, o entoar de hinos, a vestimenta, os códigos, regulamentos e disciplina, conferindo-lhe também uma identidade coletiva, podem ser recursos do treinamento. Depois, durante uma batalha ou mesmo estando à paisana durante o lazer, o guerreiro passa a alimentar o coração e a mente por uma repetição incessante do ideal abraçado. Esse estado progride para um mais profundo em que o ideal é parte do próprio guerreiro e não precisa ser lembrado ou confirmado externamente, já corre em suas veias. Mais adiante, o guerreiro pode alcançar a unidade do ser individual com universal, realizando o desígnio de sua natureza e o retorno à origem. Torna-se o próprio ideal, não mais perseguindo uma imagem idealizada para sobrepô-la ao que realmente é. Pode aceitar a complexidade de sua finitude como homem e da imortalidade a que se faz merecedor.

Dois princípios fundamentais da VEDANTA (Akhilananda, 1964) abordam a questão da unidade e as intrincadas relações de sua aparente contradição: "A natureza real do homem é divina; e o objetivo da vida do homem na terra é o desenvolvimento e a manifestação desse Princípio Divino, o qual tem em seu interior uma existência eterna porém oculta." A ética é vista como um meio para alcançar o desenvolvimento Divino e as ações são consideradas em função de sua contribuição para esse aperfeiçoamento. O bem e o mal são assim compreendidos na medida em que aproximam ou distanciam o homem de sua meta. São, portanto, "valores relativos, e não devem ser utilizados como norma absoluta para julgar os demais. Todo indivíduo possui um problema individual e uma senda também individual para o seu desenvolvimento."

O desenvolvimento sugere-nos um desdobrar-se, um ato de revelação de si mesmo, de crescimento e o aperfeiçoamento de algo que sempre esteve dentro de nossa humanidade, na medida em que se caminha. Tudo que o homem precisa já se encontra nele em potência. 'Des-envolve' o Ser aquele que retira o véu que encobre sua própria realidade. Segundo a Vedanta, o homem em sua natureza íntima é Deus e toda alma é nossa própria alma. A trajetória do guerreiro para expressar o *Si-mesmo* pode ser comparada com os progressivos métodos védicos de realizar Deus, que promovem a realização do divino no humano, refletindo nitidamente a imagem de Deus, de acordo com os diferentes temperamentos em seus respectivos estágios (Vijoyananda, 1981). É uma imersão consciente na totalidade, progressiva e, ao mesmo tempo, instantânea, conciliando processo evolutivo com reconhecimento da presença constante da origem e do ponto ômega dentro de cada ser.

Os métodos védicos, como em outras abordagens espirituais, abrangem a ritualística, depois a oração, cantos e mantras, seguidos pela meditação, onde o pensamento se converge para Deus e um novo sentimento brota do interior da alma. Posteriormente, medita-se na unidade do ser individual com o universal, da alma com o Espírito de Deus inconsciente no homem, embora autoconsciente em Si mesmo. Inicialmente, há esforço e tensão para fazer-se individualizado e diferenciado diante de uma totalidade inconsciente, para finalmente experimentar a entrega e o relaxamento ao sentir a própria totalidade como extensão consciente de si mesmo e não algo diferente ou separado. Essa totalidade compreende o vazio criativo, onde a mística acontece e onde os fenômenos circundam a existência.

O guerreiro é transformador, mergulha no inconsciente para trazer intacta a natureza divina; aprofunda-se em águas desconhecidas para resgatar a esperança e a qualidade de vida; submerge-se no escuro para encontrar a luz verdadeira; enfrenta o feio, o sombrio, o doente, e tudo o que foi renegado aos porões da alma, para libertá-la e curá-la. Vence sua primeira luta separando-se dos pais primordiais e tornando-se uma entidade autônoma, diferenciada e interdependente. Supera o medo da castração pelo poder ameaçador do pai e o medo de ser tragado pelo inconsciente, o continente esmagador da Grande Mãe, que ao mesmo tempo acolhe, nutre, absorve e destrói. Usa o poder simbólico da espada para o corte libertador e para destruir imagens idealizadas e expectativas irreais. Conquista a autonomia e emancipa-se emocional e sexualmente, solucionando os conflitos com a imagem da mãe e do pai internalizados.

Como transformação curativa usa a criatividade para encontrar novas saídas e possibilidades. Isola-se para se fortalecer e estabelecer seus limites e para que a posterior abertura às relações seja consciente. Rejeita o automatismo inconseqüente, a submissão irresponsável ou a rebeldia delinqüente, e aceita o desafio de se expressar inteiramente, cumprindo o propósito de sua vida. Usa a força de vontade, determinação e continuidade para alcançar a meta final. O guerreiro não desiste, isso por si só é a essência de sua valentia. Assume os riscos necessários e aceita o tempo que é preciso até a completa satisfação. Aceita sucessos e fracassos com certa equanimidade, e não formula para si ideais impossíveis. Seus erros lhe possibilitam conhecer novos caminhos, dando à sua natureza errante a vantagem do conhecimento e da criatividade. O acerto, quando se está em início de treinamento, pode condicionar a um único modo de se atingir o resultado esperado. A mente pode se fixar e enrijecer quando crê em existir apenas uma maneira de agir e quando rumina os erros que já não lhe pertencem mais. Isso é desvantagem quando é necessário ser criativo. Com o passar dos anos, aprende-se a contabilizar perdas e ganhos, para, ao final, descobrir o quanto foi transformado. Em verdade, nem ganhou nem perdeu, apenas revelou a divina essência, que observava a pequena parte de si mesmo, sua porção humana, atuando no drama da vida, ora sorrindo, ora chorando, como um milagre de vida ou discreto segredo.

O adversário é parte do treinamento do guerreiro, como o sintoma é parte da cura do cliente. Quando se tornam aliados, reduzem o tempo necessário para a solução de seus conflitos. Afinal, um não existe sem o outro. O guerreiro, aliando e integrando seus opostos complementares, masculino e feminino, sombra e persona, pode utilizar todas as qualidades de suas respectivas naturezas, diferenciando-as e expressando mais harmonia em seu viver. Um viver coerente e realista, que não precisa ser perfeito, é o que se busca. O guerreiro primeiro combate, depois reconcilia. É seu desafio vislumbrar a verdade. Retirando os véus que o impedem de ver a si mesmo pode também ver a realidade da dualidade aparente em sua natureza. A unidade pulsa, e seu movimento produz a dualidade, argumento de *maya*, como é chamada no hinduísmo a ilusão cósmica que confere cisão e diferença àquilo que tem a mesma origem e fundamento. *Maya* é portanto engano, fingimento, mentira, máscara.

Quando o indivíduo integra sua natureza, supera seus conflitos e administra o que não pode ser mudado ou o que não depende dele, passa a ser um agente de saúde no meio em que vive, não mais expurgando no meio aquilo que não consegue resolver em si mesmo. Quanto mais consciente e diferenciado for um indivíduo, menos usará o outro para suas projeções e muito menos recorrerá ao uso de máscaras, deixando-as apenas como recurso estratégico.

No processo de individuação, o conceito sobre si mesmo vai transformando-se, ampliando-se infinitamente fruto das próprias experiências, como uma apropriação do *Si-mesmo*. Tudo é valioso como experiência, embora já não seja superestimado. E tudo que é percebido e experimentado sob a ótica da individualidade promove a realização dessa individualidade. A doença é vista, para Jung, como uma falta de percepção da própria individualidade. Com a conscientização, os antigos problemas que paralisavam o agir retomam a sua proporção real, e o indivíduo percebe-se mais amplo que seus problemas e conceitos; assenhora-se heroicamente de seu *Self*, o *Si-mesmo*, e utiliza o ego como instrumento.

Na identificação com o *Self*, o indivíduo experimenta morte e renascimento simultaneamente, recebendo um apoio supra-humano que se consuma como o seu próprio nascimento divino. "Somente essa situação paradoxal, em que a personalidade experimenta a si mesma simultaneamente morrendo e autogerando, leva ao nascimento genuíno do homem dúplice integralizado" (Neumann, 1995:188). Jung valorizava o significado psicológico do herói "tanto para o indivíduo, no seu esforço em encontrar e afirmar sua personalidade, quanto para a sociedade no seu todo, na sua necessidade semelhante de estabelecer uma identidade coletiva" (1998:110).

O indivíduo, aceitando sua humanidade, pode reluzir a divindade de *Si-mesmo* por meio dela. Tal indivíduo trabalha para a cura, para a expressão máxima da vida e para o bem da sociedade. Usa a liberdade para promover sua evolução e o progresso dos demais, e utiliza a consciência para realizar escolhas, responsabilizando-se por elas. A atitude guerreira admite um convite, jamais uma imposição. Respeita uma ordem, a autoridade, nunca o autoritarismo, próprio ou alheio. Os condicionamentos também atuam arbitrariamente na consciência de uma pessoa e são mais difíceis de serem notados e transformados. Uma imposição biológica, familiar, cultural ou econômica pode ser alterada por uma atitude guerreira, deixando de ser uma sentença de doença, exclusão e morte.

A alma guerreira parte do pessoal para o coletivo; da superioridade x inferioridade para a reciprocidade que é dádiva, respeito e receptividade; do egoísmo para o altruísmo; da carência e da crítica para a compaixão e liberdade, nutrindo-se em diversas fontes sua alegria de viver, como vertentes da Grande Fonte do *Si-mesmo*. Assim, o conflito e a guerra também são vistos como iniciação e purificação individual e coletiva.

O guerreiro é também um curador ferido. Suas dores, suas ambições e seu altruísmo o transformam e o impelem à luta. Sua vitória e sua derrota escapam às prisões pessoais. Tornam-se motivação para muitos. Assim, cada novo guerreiro pode efetuar o grande salto da transcendência nas múltiplas superações de seu cotidiano, de suas cicatrizes, incertezas e frustrações, entrando por um caminho desconhecido, sem os apoios que já cumpriram finalidade, e desvendar a realidade interna que oculta sua verdade. Se sobreviver, irá voltar.

Ao término deste livro, como mais uma sincronicidade, fui casualmente levada à casa de minha infância. Houve um sonho antevendo uma necessidade e um fato ensejando atuação. Entre as recordações e o adocicado aroma de jasmim, meu avô materno, um exímio no belo domínio de sua pena, brindou-me com a leitura de um recente soneto seu, inspirado na filosofia de Bertrand Russell e dedicado a um amigo. Para surpresa minha, sem que ele soubesse em que eu estava trabalhando, constatei uma magnífica tradução da alma e da trajetória de um guerreiro, que ora compartilho.

Eu canto a vida e faço-o de tal sorte,
Que bem e mal num vórtice confundo,
Sem que o conúbio pouco ou nada importe
Na visão telúrica do mundo.

Quem sou, de onde venho, sul ou norte,
Tudo se perde no pélago profundo
Da dúvida cruel que é bem mais forte
No combate tenaz, mas infecundo.

Relego a morte a seu mistério infindo
E sigo, indene a seu poder perverso,
- O sentido da vida perquirindo.

Na busca insana as armas já não terço,
E vou, de queda em queda, diluindo,
Meu tosco ser na essência do Universo.

Doryval Borges
(Instituto Histórico e Geográfico do Distrito Federal)

GLOSSÁRIO

Aikidô - Arte Marcial cujos princípios e fundamentos foram instituídos por Morihei Ueshiba (Ó Sensei), por volta de 1942 no Japão, que a considerava instrumento de autoconhecimento, autodisciplina e iluminação e não como técnica de destruição. Ai (harmonia ou amor) ki (energia), dô (caminho).

Anima ou Animus – Na psicologia Junguiana, é uma estrutura psíquica inconsciente que representa o aspecto sexual oposto. Anima é aspecto feminino da psique e Animus é aspecto masculino da psique. Cada aspecto vai incluir as características, tendências e vivências que não foram assimiladas como sendo de seu papel sexual e que complementam a parte consciente de um indivíduo. Anima de um homem refletir-se-á na maneira como ele se relaciona com a mulher, nas oscilações de humor, em sua criatividade e na capacidade de sentir. A relação com o progenitor do sexo oposto constitui a base de formação da anima ou animus, associados aos conteúdos do inconsciente coletivo.

Atman – Essência última, centelha divina, mônada vital, *Self*, a imagem de Deus dentro do indivíduo. (ver *Si-mesmo*)

Budô – Fundamento das artes marciais japonesas.

Bushidô – Código de Honra dos samurais. Este código traz em seu bojo uma fusão filosófica e espiritual do xintoísmo, budismo e confucionismo. Era essencialmente um código para homens. O *shi* traduz-se como "aquele que é do sexo masculino que atingiu a maioridade".

Chakras – Centros de energia e de consciência. Os sete principais são: Muladhara (coccígeo), svasdisthana (sacro), manipura (lombar), anahata (dorsal), vishuddha (cervical), ajna (polo negativo, feminino, água, lua - terceiro olho entre as sobrancelhas e polo positivo, masculino, fogo, sol - no bulbo raquidiano), sahasrara (cerebral).

Complexo Materno – Conjunto de idéias ou imagens com forte carga emocional ligadas à imagem arquetípica da mãe. Expresso como necessidade de vínculo, proteção, nutrição, afeto no relacionamento com as outras pessoas ou experimentado como dificuldade em relacionar-se consigo mesmo, com sua sensibilidade, e com os outros e em estabelecer vínculos satisfatórios. Dependendo do domínio da mãe sobre um homem, este poderá manter-se infantilizado na relação com uma mulher, se não resgatar sua anima e separar-se de sua mãe, constituindo-se como adulto e experimentando o amor. Um pai presente e atuante auxilia o filho a libertar-se da mãe e estabelecer com ela um novo vínculo, não simbiótico. A superproteção materna mantém o filho aprisionado. Em todo exagero, da supervalorização à misoginia, existe a projeção inconsciente da própria anima sobre a mulher. Instabilidades no humor podem ser indícios de um complexo atuando e o hábito de evitar as emoções também indicam um domínio do complexo materno e o medo de ser rejeitado pela figura materna. O medo do feminino (de ser rejeitado) apresenta-se como rejeição à mulher, direta ou indiretamente, por meio de generalizações e desprezo.

Dharma – Em sânscrito, tem o sentido de dever, missão, propósito, ação correta, ética. Do sânscrito *Dhri* – suporte, princípio ordenador e poder de sustentação. Realizar o *dharma* é libertar-se, e uma vez rompidos os laços que o impediam manifestar-se em sua totalidade, nada mais poderá conter a força de sua natureza. Comparativamente, o *dharma*, como ação correta, é fluído, contínuo e harmônico, utiliza apenas a energia vital necessária. *Adharma*, como ação imprópria é resistente, descontínua e desarmônica, leva ao desperdício da energia vital.

Dojô – Lugar de treinamento e de aprimoramento.

Ego – No Bhagavad Gita, a consciência do guerreiro Arjuna representa o ego humano que deve estar a serviço do *Self*, assim como, na psicologia junguiana, o ego tem a função de realizar o *Self*. Jung concebe "o ego como a expressão do *Self* manifestado no tempo e no espaço" (CAVALCANTI, p.94), compreendendo um complexo de funções mentais que inclui os sentidos. Como arquétipo da totalidade, o *Self* orienta e conduz o desenvolvimento do ego, para que de maneira individual e única, expresse sua potencialidade.

Função Transcendente – Segundo Jung, "a função psicológica 'transcendente' resulta da união dos conteúdos conscientes e inconscientes" como uma função matemática e não como algo misterioso ou supra-sensorial. A função transcendente atenua os limites da consciência sobre conteúdos aparentemente irreconciliáveis.

Grande Mãe – Representa o inconsciente, o estado de indiferenciação individual, o princípio.

Guru – Mestre espiritual. Além de transmitir sabedoria é uma manifestação da luz divina. É aquele que dissipa (ru) as trevas (gu), promovendo o despertar e a integração do ser pessoal com o universal. Não deve ser confundido com um professor comum que transmite os conhecimentos adquiridos.

Gunas – Atributos da natureza psico-física – *sattwa* (tranqüilidade), *rajas* (atividade) e *tamas* (inércia). Os *gunas* também estão relacionados com os aspectos de criação, manutenção e destruição, presentes em toda natureza e em qualquer ação.

Ikebana – Arte japonesa de arranjos florais, que inclui três princípios: céu, terra e ar.

Individuação – O termo é extraído da filosofia e indica a constituição da individualidade a partir de uma substância comum. Ver Processo de Individuação.

Kata – Forma padrão de movimentos.

Missogui – "É a purificação do corpo e do espírito, é a ação em nosso ser que nos faz sentir e compreender que somos todos partes do grande universo e filhos de Deus, e assim possamos agir de acordo com as leis divinas". (Büll, 1994:21)

Mukti – Libertação.

Nage – Aquele que defende, aplicando a técnica no atacante.

Persona – Máscara, aquilo que aparenta, o que a pessoa parece ser perante si mesma e aos outros. Uma pessoa pode utilizar, conscientemente, diversas máscaras em função dos papéis que representa em sua vida e de tudo que é esperado em cada papel.

Puja - No hinduísmo, adoração ou oferenda feita pelo devoto, guerreiro ou não, aos deuses.

Processo de Individuação – Processo de desenvolvimento psíquico, de ampliação da consciência e de maturação, unificação e integração da personalidade. Para Jung, esse processo ocorre na segunda metade da vida e implica no reconhecimento do *Self* pelo ego, como uma realidade interna e mais abrangente, além da integração dos principais arquétipos da psique como a persona, sombra, anima ou animus. É a realização da totalidade de *Si-mesmo.* Não se trata de isolamento psíquico, nem de individualismo.

Projeção - Defesa psíquica na qual o ego se protege da ansiedade, repelindo os conteúdos internos inaceitáveis e ameaçadores, para os objetos externos. A pessoa vê (projeta) no outro aquilo que não admite em si mesma.

Samsara – No hinduísmo, representa o ciclo de nascimentos e mortes.

Self – Ver *Si-mesmo.*

Sincronicidade – Coincidência entre eventos internos (psíquicos) e externos (físicos), convergência causal.

Si-mesmo – *Self*, o *Atman*, o arquétipo da totalidade e pré-existe ao ego, mas necessita deste para ser reconhecido como realidade. É o centro ordenador de integração e de unidade do psiquismo, correspondente à pedra filosofal, na alquimia. É o arquétipo primordial de onde derivam e para onde convergem todos os demais arquétipos. Aquele que sempre é o mesmo em toda parte.

Sombra – "Conteúdos negados, potenciais adormecidos, escondidos nas vergonhas, projeções, vícios, atos falhos, humores, somatizações, crise da meia-idade, sonhos, expressão artística, que não são percebidos nem controlados pelo ego" (Zweig, 2000). O ego não tem consciência da sombra que projeta, como uma realidade que escapa à compreensão pragmática, e reage diante da sombra projetada em outras pessoas.

Uke - Aquele que ataca, recebendo a técnica.

Vedas - Escrituras sagradas do hinduísmo transmitidas oralmente antes de se tornarem escritas (Rig, Yajur, Sama e Atharva-Vedas). Do sânscrito *Vid* - saber.

Vigorexia ou Síndrome de Adônis – Nome dado pelo psiquiatra americano Harrison Pope para a atividade física compulsiva que visa a obtenção de um corpo perfeito e musculoso e por ser um transtorno mental que afeta principalmente os homens. O mito grego de Adônis abarca desde as tragédias das relações parentais, sendo fruto de um incesto, bem como a disputa entre os deuses, sua beleza, aventuras amorosas e atos heróicos.

Viveka – Faculdade de discernir, tal qual o cisne (hansa) que na mitologia hindu é montaria de Deus em seu aspecto Criador (Brahma), simbolizando o discernimento espiritual ao retirar da água misturada com leite apenas o leite desejado.

Yoga – Um dos seis sistemas filosóficos da tradição hindu. Do sânscrito Jug – unir. Representa a união do finito com o infinito, da alma individual (Jivatman) com o Absoluto (Paratman).

Zeus – Na mitologia grega é considerado o pai dos deuses e do céu. Conseguiu evitar o trágico destino de ser devorado pelo próprio pai (Cronos) e ainda resgatou seus irmãos com a ajuda de sua mãe Réia, após ter se unido a Titanesa Métis (prudência). O poder foi dividido entre os irmãos, ficando Zeus com o deus supremo do Monte Olimpo, Posêidon com os mares e Hades com os infernos.

BIBLIOGRAFIA*

AGOSTINHO, Santo. (1999). *Confissões*. São Paulo: Nova Cultural.

AKHILANANDA, Swami. (1964). *Psicologia Hindu*. Buenos Aires: Paidós.

ALBERONI, Francesco. (1996). *Os Invejosos: uma investigação sobre a inveja na sociedade contemporânea*. Rio de Janeiro: Rocco.

ALENCAR, José de. (1998). *Ubirajara*. São Paulo: Ática.

ALIGHIERI, Dante. (1979). *A Divina Comédia*. 2. ed., São Paulo: Itatiaia.

AQUINO, São Tomaz de. *Suma Teológica*.

BALLONE, Geraldo José; NETO, Eurico Pereira; ORTOLANI, Ida Vani. (2002). *Da Emoção à Lesão – Um Guia de Medicina Psicossomática*. São Paulo: Manole.

BARBOSA, Ruy. *Pensamentos de Ruy Barbosa*.

BERTIN, Claude. *Os Grandes Julgamentos da História – Os Templários*. São Paulo: Otto Pierre.

BOBBIO, Norberto; Metteucci, Nicola; Pasquino, Gianfranco. (2004). *Dicionário de política. 5. ed.*, Brasília: Universidade de Brasília: São Paulo: Imprensa Oficial do Estado de São Paulo.

BORGES, Lívia. (2003). *Drogas e Vícios*. São Paulo: Alaúde Editorial.

BRUNEL, Pierre (Org.). (1997). *Dicionário de Mitos Literários*. Rio de Janeiro: José Olympio.

BUBER, Martin. (1979). *Eu e Tu*. 2. ed., São Paulo: Moraes.

BUCK, William. (1988). *Mahabharata*. 10. ed., São Paulo: Cultrix.

_______. (1988). *Ramayana*. 10. ed., São Paulo: Cultrix.

BULFINCH, Thomas. (2001). *O Livro de Ouro da Mitologia: Histórias de Deuses e Heróis*. Rio de Janeiro: Ediouro.

BÜLL, Wagner J. (1994). *Manual Técnico de Aikidô*. 2. ed., São Paulo: Ícone.

CAMPBELL, Joseph. (2001). *O Poder do Mito*. 19. ed., São Paulo: Palas Athena.

_______. (2002). *O Herói de Mil Faces*. 7. ed., São Paulo: Cultrix.

CAPRA, Fritjof. (1988). *O Tao da Física*. 6. ed., São Paulo: Cultrix.

CAVALCANTI, Raïssa. (2003). *O Mito de Narciso – O herói da consciência*. 19. ed., São Paulo: Rosari.

CHARDIN, Pierre Teilhard de. *O Fenômeno Humano*. São Paulo: Herder.

CHEVALIER, Jean; GHEERBRANT, Alain. (1996). *Dicionário de Símbolos: mitos, sonhos, costumes, gestos, formas, figuras, cores, números*. 10. ed., Rio de Janeiro: José Olympio.

CHIOZZA, Luis (org.). (1998). *Os Sentimentos Ocultos em Hipertensão Essencial, Transtornos Renais*. São Paulo: Casa do Psicólogo.

CHOPRA, Deepak. (1998). *Energia Ilimitada: o programa completo mente/corpo para vencer a fadiga crônica*. Rio de Janeiro: Rocco.

COHN, Ernesto. (2001). *Aikidô: Técnica e Filosofia*. 2. ed., São Paulo: Escrituras.

DESJARDINS, Arnaud. (1993). *Para Além do Eu – A Procura do Si*. São Paulo: Ágora.

EINSTEIN, Albert. (1981). *Como Vejo o Mundo*. 22. ed., Rio de Janeiro: Nova Fronteira.

FADIMAN, James; FRAGER, Robert. (1986). *Teorias da Personalidade*. São Paulo: Harbra.

FORDHAM, Frieda. (1978). *Introdução à Psicologia de Jung*. São Paulo: Verbo.

GANDHI, Mohandas Karamchand. (1997). *Minha Missão: Ética, Política e Espiritualidade*. Rio de Janeiro: Multiletra.

GIBRAN, Khalil. *Pensamentos e Meditações*. 2. ed., Rio de Janeiro: Record.

* *N.R.* – Todas as referências bibliográficas estão apresentadas por autor e ano da edição ou por autor, ano da edição e página.

_______. *A Procissão.* Rio de Janeiro: Record.

_______. (1967). *A Voz do Mestre.* Rio de Janeiro: Record.

_______. (1971). *O Profeta.* Rio de Janeiro: Raval.

_______. (1972). *Areia e Espuma.* Rio de Janeiro: Associação Cultural Internacional Gibran.

GRAVES, Robert. (2004). *Mitos Gregos.* São Paulo: Madras.

GORDON, Anne. (1999). *O Livro dos Santos.* São Paulo: Cultrix.

GOSWAMI, Amit. (1998). *O Universo Autoconsciente: Como a Consciência cria o Universo Material.* Rio de Janeiro: Rosa dos Tempos.

_______. (2000). *Vídeo da entrevista com Amit Goswami no programa Roda Viva*, São Paulo: TV Cultura.

_______. (2003). *A Janela Visionária; um Guia para a Iluminação por um Físico Quântico.* São Paulo: Cultrix.

HALL, James A. (1992). *A Experiência Junguiana: Análise e Individuação.* 2. ed., São Paulo: Cultrix.

HAWKING, Stephen William. (1994). *Uma Breve História do Tempo: Do Big Bang aos Buracos Negros.* 25. ed., Rio de Janeiro: Rocco.

HESSE, Hermann. (1972). *Sidarta.* 10. ed., Rio de Janeiro: Civilização Brasileira.

HILLMAN, James. (1984). *Uma Busca Interior em Psicologia e Religião.* 3. ed., São Paulo: Paulus.

HIRIGOYEN, Marie-France. (2001). *Assédio Moral – A Violência Perversa do Cotidiano.* 2. ed., Rio de Janeiro: Bertrand Brasil.

HOUAISS, Antonio. (2001). *Dicionário Houaiss da Língua Portuguesa.* Rio de Janeiro: Objetiva.

HYCNER, Richard. (1995). *De Pessoa a Pessoa: Psicoterapia dialógica.* São Paulo: Summus.

IRWIN, William (Org.). (2003). *Matrix: Bem-vindo ao Deserto do Real.* São Paulo: Madras.

JANSEN, Eva Rudy. (1995). *O Livro das Imagens Hinduístas: Os Deuses e seus Símbolos.* São Paulo: Totalidade.

JUNG, Carl Gustav. (1978). *Psicologia do Inconsciente.* Petrópolis: Vozes.

_______. (1981). *O Desenvolvimento da Personalidade.* Petrópolis:Vozes.

_______. (1985). *A Prática da Psicoterapia.* 8. ed., Petrópolis:Vozes.

_______. (1995). *Símbolos da Transformação.* 3. ed., Petrópolis: Vozes.

_______. (1998). *O Homem e seus Símbolos.* 3. ed., Rio de Janeiro: Nova Fronteira.

KELEMAN, Stanley. (2001). *Mito e Corpo: uma conversa com Joseph Campbell.* São Paulo: Summus.

KLUGER, Rivakah Schärf. (1999). *O Significado Arquetípico de Gilgamesh, um Moderno Herói Antigo.* São Paulo: Paulus.

KRISHNAMURTI, J. (1972). *Liberte-se do Passado.* São Paulo: Cultrix.

LAO-TSÉ, (1983). *O Livro do Caminho Perfeito – Tao Té Ching.* 2. ed., São Paulo: Pensamento.

LORENZ, Francisco Valdomiro (Trad.). (1983) *Bhagavad Gita.* 2. ed., São Paulo: Pensamento.

LOWEN, Alexander. (1983). *O Corpo em Depressão: As Bases Fisiológicas da Fé e da Realidade.* 2. ed., São Paulo: Summus.

MAQUIAVEL, Nicolau. (1999). *Maquiavel – Vida e obra: O Príncipe.* São Paulo: Nova Cultural.

MAY, Rollo. (1992). *A Procura do Mito.* São Paulo: Manole.

MENEGHETTI, Antonio. (1996). *A Psicologia do Líder.* Porto Alegre: ABO.

MURARO, Rose Marie & Boff, Leonardo. (2002). *Feminino e masculino: uma nova consciência para o encontro das diferenças.* 3. ed., Rio de Janeiro: Sextante.

MUSASHI, Miyamoto. (2003). *O Livro dos Cinco Anéis: O clássico guia de estratégia.* São Paulo: Madras.

NEUMANN, Erich. (1995). *História da Origem da Consciência.* 2 ed., São Paulo: Cultrix.

NHAT-HANH, Thich. (1993). *Paz a Cada Passo: Como Manter a Mente Desperta em Seu Dia-a-dia.* Rio de Janeiro: Rocco.

NIETZSCHE, Friedrich. (1999) *Obras Incompletas.* São Paulo: Nova Cultural.

_______. (2002). *Para Além do Bem e do Mal.* São Paulo: Martin Claret.

O'NEILL, Tom. (2003). *O Caminho do Guerreiro.* National Geographic Brasil, São Paulo, ano 4, n. 44, p. 44-71, dez.

PANN, Sujan Singh. (2000). *Mitos e Mistérios da Índia*. São Paulo: Madras.
PIERI, Paolo Francesco. (2002). *Dicionário Junguiano*. São Paulo: Paulus.
PLATÃO. (1999). *Diálogos*. São Paulo: Nova Cultural.
________. (2000). *A República*. São Paulo: Nova Cultural.
PRABHU, R.K (Org.). (1969). *O Rosário*. Rio de Janeiro: Sabedoria.
RAFF, Jeffrey. (2002). *Jung e a Imaginação Alquímica*. São Paulo: Mandarim.
RINPOCHE, Chagdud Tulku. (2000). *Portões da Prática Budista*. Três Coroas: Rigdzin.
SANFORD, John A. (1988). *Mal, o Lado Sombrio da Realidade*. São Paulo: Paulus.
SAVELLE, Max (Coord.). (1968). *História da Civilização Mundial: As Primeiras Culturas Humanas*. Belo Horizonte: Itatiaia.
SCHLESINGER, Hugo; PORTO, Humberto. (1995). *Dicionário Enciclopédico das Religiões*. Petrópolis: Vozes.
SCHURÉ, Edouard. (1987). *Os Grandes Iniciados: Rama*. São Paulo: Martin Claret.
SHAKESPEARE, William. (1995). *Obra Completa. Vol. I*. Rio de Janeiro: Nova Aguilar.
STAHEL, Monica (trad.). (2000). *As Mais Belas Lendas da Mitologia*. São Paulo: Martins Fontes.
STEIN, Murray. (2004). *Jung o Mapa da Alma: Uma Introdução*. 3 ed., São Paulo: Cultrix.
STEVENS, John. (1998). *Os Segredos do Aikidô*. São Paulo: Pensamento.
SUBRAMUNIYASWAMI, Satguru Sivaya. (1996). *Loving Ganesa: Hinduism's Endearing Elephant-Faced God*. Hawaii: Himalayan Academy.
TABOADA, Francisco Andrés. (1995). *Artes Marciais: A Via Psicossomática*. Rio de Janeiro: Nova Acrópole.
TAGORE, Rabindranath. (1978). *Gitanjali*. Brasília: Thesaurus.
_______. (1991). *A Colheita*. São Paulo: Paulinas.
_______. (1994). *Sadhana: O Caminho da Realização*. São Paulo: Paulus.
TAMANINI, L. Fernando. (2003). Brasília: *Memória da construção. 2. ed.* Brasília: Livraria Suspensa.
TZU, Sun. (2001a) *A Arte da Guerra*. São Paulo: Martin Claret.
_______. (2001b). *A Arte da Guerra: Os Documentos Perdidos*. Rio de Janeiro: Record.
_______. (2001c). *A Arte da Guerra: Uma Nova Interpretação*. Rio de Janeiro: Campus.
UESHIBA, Kisshomaru. (1999). *The Spirit of Aikidô*. Tokyo: Kodansha International.
UESHIBA, Morihei. (2001). *Budô: Ensinamentos do Fundador do Aikidô*. São Paulo: Cultrix.
VIJOYANANDA, Swami. (1981). *O Eterno Companheiro: Sua vida e ensinamentos relatados por seus discípulos*. São Paulo: ECE.
VIVEKANANDA, Swami. (1967). *Raja Yoga*. Rio de Janeiro: Vedanta.
VON FRANZ, Marie-Louise. (1993). *O Caminho dos Sonhos*. São Paulo: Cultrix.
WILBER, Ken. (1999). *Transformações da Consciência: O Espectro do Desenvolvimento Humano*. São Paulo: Cultrix.
_______. (2001). *O Olho do Espírito*. São Paulo: Cultrix.
WILLIAMSON, George Hunt. (1981). *Os segredos do Leão*. Rio de Janeiro: Record.
YOGANANDA, Paramahansa. (1976). *Susurros de La Madre Eterna*. Buenos Aires: Kier.
_______. (1995). *God Talks with Arjuna: The Bhagavad Gita, Royal Science of God-Realization*. Los Angeles: Self-Realization Fellowship.
_______. (1998). *O Vinho do Místico*. Singapura: Self-Realization Fellowship.
_______. (1999). *Autobiografia de um Iogue*. Los Angeles: Self-Realization Fellowship.
YOSHIKAWA, Eiji. (1999). *Musashi*. São Paulo: Estação Liberdade.
YUNES, Maria Angela Mattar. (2003). *Psicologia Positiva e Resiliência: o Foco no Indivíduo e na Família*. Em: Psicologia em Estudo, Maringá, v.8, num. esp.
YUTANG, Lin. (1945) *A Sabedoria da China e da Índia*. Rio de Janeiro: Irmãos Pongetti.
ZIMMER, Heinrich Robert. (1986). *Filosofias da Índia*. São Paulo: Palas Athena.
ZIMMER, Heinrich Robert.(1989). *Mitos e símbolos na arte e civilização da Índia*. São Paulo: Palas Athena.

ZOHAR, Danah. *O Ser Quântico: Uma visão revolucionária da natureza humana e da consciência, baseada na nova física.* 7. ed., São Paulo: Best Seller.

ZWEIG, Connie; WOLF, Steve. (2000). *O Jogo das Sombras: Iluminando o lado Escuro da Alma.* Rio de Janeiro: Rocco.

http://www.dmknet.com.br/54bis/denominacaohistorica.asp
http://www.exercito.gov.br/01Instit/Hinoscan/nacional.htm
http://www.exercito.gov.br/03Brafor/operacoes/ajuricaba/signific.htm
http://www.niten.org.br
http://www.osamurai.hpg.com.br
http://www.presidenciarepublica.pt/pt/republica/simbolos/hinoant.html

Alma de guerreiro foi composto em tipologia Garamond, corpo 12pt e impresso em papel Pólen® 80g. nas oficinas da THESAURUS EDITORA DE BRASÍLIA. Acabou-se de imprimir em abril de 2006, quarto mês do sexto ano do Terceiro Milênio.

***

LAVS DEO